BIBEL+ORIENT im Original
72 Einsichten in die Sammlungen der Universität Freiburg Schweiz

Diese Publikation wurde gefördert durch

Verein «Projekt BIBEL+ORIENT»
Departement für Biblische Studien der Universität Freiburg Schweiz
Stadt, Kanton und Universität Freiburg

Konzept: Othmar Keel, Thomas Staubli

Texte: Susanne Bickel (sb), Gregor Emmenegger (ge), Othmar Keel (ok),
Max Küchler, Josef Oesch (joe), Siegfried Ostermann (so), Thomas Staubli (ts),
Hans Ulrich Steymans (hus), Christoph Uehlinger

Fotos: Primula Bosshard, Christopher Dickinson, Jürg Eggler,
Micha Küchler, Jürg Zbinden

Redaktion: Thomas Staubli

Lektorat: Silvia Schroer, René Schurte

Satz und Layout: Benny Mosimann, Atelier für Gestaltung, Bern

© Projekt BIBEL+ORIENT MUSEUM, Freiburg Schweiz 2007

Druck: Vetter Druck, Thun, CH
Bindung: Schumacher, Schmitten, CH
Vertrieb: Academic Press Fribourg, CH

ISBN-13: 978-3-7278-1568-3
ISBN-10: 3-7278-1568-X

BIBEL+ORIENT

72 Einsichten in die Sammlungen der Universität Freiburg Schweiz

im Original

Academic Press Fribourg Schweiz

Widmung

Danksagung

Für Rudolf C. Bettschart und Daniel Keel

Ein Museum ist ein Nonprofitunternehmen und ein Gesamtkunstwerk, das nur dank der Mithilfe sehr vieler engagierter Menschen funktionieren kann. Dies kommt auch im vorliegenden Büchlein zum Ausdruck. Allen, die in irgendeiner Form dazu beigetragen haben, sei herzlich gedankt: Den Spenderinnen und Spendern von Sammlungsobjekten, die bei jedem Objekt namentlich erwähnt werden; den Förderinstitutionen, die den Betrieb unterstützten, insbesondere dem Verein «Projekt BIBEL+ORIENT» der Universität Freiburg und der Schweizerischen Akademie für Geisteswissenschaften; den Verfasserinnen und Verfassern der Texte, insbesondere Othmar Keel, der die Genese des Büchleins auch konzeptionell tatkräftig unterstützt hat; den aufgeführten Fotografinnen und Fotografen, der Lektorin und dem Lektor sowie dem mit Leib und Seele beteiligten Gestalter.

Die Veröffentlichung ist als ein Zeichen der Dankbarkeit Rudolf C. Bettschart und Daniel Keel gewidmet. Sie haben teils privat, teils über den Diogenes-Verlag die Sammlungen und das Museumsprojekt BIBEL+ORIENT immer moralisch und wiederholt in beträchtlichem Umfang finanziell unterstützt.

Ich freue mich über alle, die das Ausstellungskabinett in Freiburg persönlich besuchen. Es ist seit kurzem als Nr. 255 von insgesamt 948 Museen im offiziellen Schweizer Museumsführer aufgeführt. Allen, die seine Entwicklung vom Museumsembryo bis zur Geburt als BIBEL+ORIENT MUSEUM im Heinrichsturm in den nächsten Jahren wohlwollend begleiten und nach Kräften unterstützen, danke ich im Voraus sehr herzlich.

Thomas Staubli
Leiter Projekt BIBEL+ORIENT MUSEUM

Inhalt

Die Sammlungen BIBEL+ORIENT der Universität Freiburg

Ein Öllämpchen aus der Hand Marias

Während er mit einem Schäufelchen einen Backofen freilegte, erzählte mir der Franziskaner, es sei möglich, dass Maria hier Brot für ihre kleine Familie gebacken habe. Das war 1960. Als man die alte Mariae Verkündigungskirche in Nazaret abriss, kamen die Reste der Wohnhäuser aus neutestamentlicher Zeit darunter zutage und wurden archäologisch untersucht. Der Franziskaner bemerkte mein andächtiges Interesse und holte aus einer Baracke ein paar seiner Funde, u. a. einen Kochtopf und ein Öllämpchen. Ich sah Maria mit dem Öllämpchen über den schlafenden Jesus gebeugt. Die greifbare Alltagswelt bildete einen faszinierenden Kontrast zur abstrakten scholastischen Theologie, die ich in meinem ersten Studienjahr gehört hatte. Maria, Jesus, Paulus waren Menschen! 1965 kaufte mir mein Vater bei seinem Besuch in Jerusalem das erste Öllämpchen aus biblischer Zeit. Danach erstand ich mir, wann immer ich fünfzehn Franken entbehren konnte, bei einem der Händler

Othmar Keels erste Zeitmaschine: Das Öllämpchen aus Nazaret.

in der Altstadt eines dazu. Am Schluss waren es achtzehn. In jeder archäologischen Periode hatten sie eine andere Form: flach, bauchig, mehr- oder einschnauzig. Sie nahmen mich auf eine Zeitreise mit. Die archäologischen Perioden bekamen Gestalt. 1993 schenkte Prof. Volkmar Fritz (Giessen D) der Universität Freiburg die ganze Keramik, die er aus seinen Ausgrabungen auf dem Tel Masos im Negev und aus Kinneret am See Gennesaret behalten durfte. Die tönerne Alltagswelt der biblischen Menschen wurde in Freiburg greifbar.

Wie reisen Symbole und Visionen?

Die Vespa-Reisen von 1964/1965 durch den Nahen Osten hatten mich ahnen lassen, wie viele biblische Motive ihren Ursprung in den alten Hochkulturen Ägyptens und Mesopotamiens hatten. Aber wie kam diese «Welt der altorientalischen Bildsymbolik» nach Jerusalem? 1975 entdeckte ich bei einem mehrmonatigen Forschungsaufenthalt in Jerusalem, dass man bei den Ausgrabungen in Bet-Schemesch, Jericho, Lachisch usw. keine großen Reliefs, aber Tausende von Skarabäen und Hunderte von Rollsiegeln und Amuletten etc. gefunden hatte. Diese Miniaturkunst konnte Motive leicht über große Strecken transportieren. Als Anschauungsmaterial für die Vorlesungen kaufte ich zwei Rollsiegel und 22 Skarabäen. Zurück in der Schweiz begann ich mich umzuhören, ob es hierzulande nicht Sammlungen solcher Miniaturkunst gebe. Ich wurde fündig.

Othmar Keels Lampensammlung

| um 3000 v. Chr. | um 2000 v. Chr. | um 1000 v. Chr. | um 700 v. Chr. | um 300 v. Chr. |

1. Sammlungen vorderasiatischer Stempel- und Rollsiegel (Nr. 23, 27-33; 35; 37; 42-45)

Zwischen 1935 und 1965 hatte der Solothurner Industrielle Dr. Rudolf Schmidt rund 350 ausgesuchte vorderasiatische Siegel gesammelt. Als er 1970 starb, erbte diese seine Schwester, Erica Peters-Schmidt. Im März 1978 durften meine Frau und ich sie in Kilchberg besichtigen. Vor 25 Jahren, im Mai 1981, schenkte sie Frau Peters der Universität Freiburg und legte so den soliden Grundstein für die Sammlungen BIBEL+ORIENT. Durch Zukäufe wuchs die Sammlung der Stempelsiegel auf gut 200, die der Rollsiegel auf gut 450 Stück an, und beide gewannen so europäische Bedeutung. Hildi Keel-Leu hat die eine 1991, die andere, zusammen mit Beatrice Teissier, 2004 in wissenschaftlichen Publikationen veröffentlicht.

2. Sammlungen ägyptischer Skarabäen, Amulette und Amulettformen (Nr. 13 und 14)

Rollsiegel sind ein typisch mesopotamischer Bildträger. Israel liegt aber näher bei Ägypten. 1976 kam eine riesige Sammlung ägyptischer Stempelsiegel in die Schweiz. Die meisten hatten die Form von Mistkäfern, in der Forschung Skarabäen genannt. Aufgebaut hatte die Sammlung ein arabischer Christ, Fouad S. Matouk, der zwischen 1925 und 1960 als Geschäftsmann in Ägypten tätig war. Nach Schwierigkeiten mit dem Regime Nassers, emigrierte Matouk 1960 samt seinen Sammlungen in den Libanon. Nach Ausbruch des libanesischen Bürgerkriegs rettete er sie in die Schweiz. Nach seinem Tod im Jahr 1978 konnten wir 1983 von seinem Sohn und Alleinerben 6668 Skarabäen und ähnliche Siegelamulette und ca. 1800 ägyptische Amulette erwerben. Darunter waren auch einige Bronzen. Die Amulette umfassten sogenannte Objekt- und Figurenamulette. Die einen sind 1987 von Claudia Müller-Winkler veröffentlicht worden, die anderen 2003 von Christian Herrmann. Im Winter 1982/1983 entdeckten Christian Herrmann und ich in Jerusalem eine große Menge altägyptischer Formen zur Herstellung von Amuletten, die wir, da sie offensichtlich nach Israel importiert worden waren, problemlos kaufen und in die Schweiz exportieren konnten. Sie wurden 1985 von Christian Herrmann publiziert. Das Herz der ägyptischen Miniaturkunst ist aber die Skarabäensammlung. Sie ist nach der im Ägyptischen Museum in Kairo und der im Britischen Museum in London zahlenmäßig die drittgrößte der Welt. Skarabäen und Amulette vermitteln einen informativen Eindruck, wie die ägyptische Götterwelt und der Pharao im Alltag präsent waren und dem Leben der Menschen Zuversicht und Halt schenkten. Ägyptische Skarabäen und Amulette waren auch in Israel sehr beliebt, bevor der Glaube an einen einzigen verborgenen Gott sich durchsetzte und der Prophet Ezechiel diese Objekte als ägyptische «Mistdinger» beschimpfte (Ez 8,10). Ihre Vorstellungswelt hat trotzdem manche Spuren in der Bibel hinterlassen.

| um 200 v. Chr. | um 0 | um 400 n. Chr. | um 700 n. Chr. |

3. Münzsammlungen (Nr. 53, 55, 57, 58, 67)
Persische, griechische und römische Münzen bilden die älteste Sammlung von Miniaturkunst, die der Universität gehört und die jüngste, die die Stiftung BIBEL+ORIENT betreut. Der Grundstock wurde vom Luzerner Josef-Vital Kopp schon 1966 der Universität geschenkt. Max Küchler hat die Sammlung um jüdische Münzen und eine große Sammlung palästinischer Städtemünzen aus römischer Zeit bereichert. Die Kopp-Sammlung wurde 2000 von Valentina Grigorova publiziert. Zuletzt kam eine Sammlung von 83 byzantinischen Münzen, vor allem in Gold, und 38 griechische, römische und andere Stücke dazu, die 2003 von Dr. Albert Lampart (1928-2003) dem Seminar für frühchristliche und byzantinische Archäologie testamentarisch vermacht worden sind. Eine Publikation durch Prof. Jean-Michel Spieser und Georg-Dietrich Schaaf ist in Vorbereitung.

Der Ausbau der Studiensammlungen zu Museumssammlungen
Die sechs Sammlungen waren als Studiensammlungen für den Gebrauch in der Forschung und Lehre konzipiert und eigneten sich allein von der Größe her kaum als Ausstellungsgut für ein größeres Publikum. Zwar gab es seit der Gründung der «Schweizerischen Gesellschaft für Orientalische Altertumswissenschaft» im Jahre 1977 die Idee, ein «Altorientalisches Museum» zu gründen. So richtig an Fahrt gewann die Idee eines BIBEL+ORIENT Museums aber erst, nachdem der Freiburger Kantonsrat am 13. Februar 1998 beschlossen hatte, das Gelände zwischen Bahnhof und Universität im Hinblick auf ein universitäres Bauprojekt zu erwerben. Der spätmittelalterliche Heinrichsturm zwischen Uni und Bahnhof kam so zwischen die bestehende Uni und das neue Bauprojekt zu stehen, sozusagen mitten auf dem Universitätsgelände. Der Turm bot sich als ideales Gehäuse für ein Projekt der vertikalen Ökumene an. Am 1. März 1999 besuchte Erziehungsdirektor Augustin Macheret

den Turm. Der Architekt Manfred Schafer bekam den Auftrag, eine Machbarkeitsstudie zu erstellen, die sehr positiv ausfiel.
Uns aber stellte sich die Aufgabe, die Sammlungen um Stücke zu bereichern, die für ein normales Publikum sichtbar waren und ein Fenster auf den engen Zusammenhang zwischen dem alten Orient und der Bibel öffneten. Zwar sollten auch das biblische Alltagsleben (Keramik, landwirtschaftliche Geräte, Tierpräparate) und die altorientalische Gesellschaft (Königtum) anschaulich werden. Im Zentrum sollten aber religiöse und theologische Themen stehen. Erfolgreiche Fundraising-Kampagnen erlaubten uns, hauptsächlich im israelischen Antikenhandel und aus altem Schweizer Besitz Ton- und Bronzefiguren und Reliefs der wichtigen altorientalischen und ägyptischen Gottheiten und ihrer Symbole zu erwerben. Die Nähe dieser Gottheiten zu Phänomenen der Natur und der Kultur wird allen, die sie betrachten, schnell deutlich. Mehrere Tora- und Esterrollen (Nr. 69, 70), ein samaritanischer Pentateuch (Nr. 68) und ein wundervoll ornamentierter Koran (Nr. 72) machen den Unterschied deutlich, der zwischen den polytheistischen Religionen und denen besteht, die das Wort und die Schrift zum wichtigsten Medium des Gottesverhältnisses machen. Die jüngsten Objekte wie z. B. reliefierte byzantinische Lampen (Nr. 63, 64) machen deutlich, wie das Christentum jüdische Traditionen aufgegriffen und sich heidnische Motive angeeignet hat. Am 5. November 2005 wurde von der Universität Freiburg das Ausstellungskabinett BIBEL+ORIENT eröffnet. Damit haben die Sammlungen den langen Weg in die Öffentlichkeit begonnen.

Othmar Keel,
Präsident der Stiftung BIBEL+ORIENT

8

Das Projekt BIBEL+ORIENT MUSEUM

BIBEL+ORIENT

Es gibt in Europa große und berühmte Museen mit altorientalischer Kunst, es gibt Sammlungen und Bibliotheken mit wertvollen Handschriften Heiliger Texte und es gibt Bibelmuseen mit populären Vermittlungsversuchen der überlieferten Textwelt – aber es gibt keinen Ort, der diese Ansätze miteinander ins Gespräch bringt. Das BIBEL+ORIENT MUSEUM möchte diese Lücke in der Museumswelt schließen. Es mutet den Kunstbeflissenen die Konfrontation mit dem religiösen Weiterleben des Alten Orients und den gläubigen BesucherInnen die Auseinandersetzung mit dem geschichtlichen Gewachsensein der eigenen Religion zu.

Geistige Muttermilch trinken

Das Logo des BIBEL+ORIENT MUSEUMs zeigt ein säugendes Muttertier. Das lange vor Judentum, Christentum und Islam im Alten Orient weit verbreitete Segensmotiv steht für den Anspruch des Museums, immer wieder wie ein Jungtier zu den speisenden Quellen zurückzukehren und gleichzeitig wie ein Muttertier mit großer Sympathie für sein Publikum nährende Kost zu spenden. Dabei kommt den über 14'000 Objekten der Sammlungen BIBEL+ORIENT eine Schlüsselfunktion zu. Sie werden nicht nur wegen ihres Alters und ihrer Schönheit bewundert, sondern helfen, Wissen zu generieren, religiösen oder kulturellen Sinn zu stiften und fundamentalistische Rechthaberei in Frage zu stellen.

BIBEL+ORIENT MUSEUM
MUSÉE BIBLE+ORIENT

Ausstellung als Katalysator: Salomons Tempel dient als Kristallisationspunkt für Gespräche zum Verhältnis und Verständnis von Juden, Christen und Muslimen. Hier während der 23. Station der Wanderausstellung in Burkheim am Kaiserstuhl (D).

Vertikale Ökumene

Die abrahamitischen Religionen treten mit dem Anspruch auf, die ihnen je vorangegangenen Religionen reformiert und auf eine ursprünglichere oder frömmere Basis gestellt zu haben. Oft tun sie dies mit einem unseligen Ausschließlichkeitsanspruch. Das Museum zeigt auf, dass dabei einiges gewonnen, aber auch vieles verschüttet wurde, an das zu erinnern sich lohnt. Wussten Sie beispielsweise, dass Jesu Geburtstag am 25. Dezember, dem Fest der Sonnenwende gefeiert wird, weil er die Rolle des alten Sonnengottes übernahm (vgl. Nr. 66)? Dass der Palmsonntagszweig aus dem Kultrepertoire des levantinischen Wettergottes und seiner Partnerin stammt (vgl. Nr. 29)? Dass das Neumondfest der Juden und der Sichelmond auf den Moscheen Folgen der altorientalischen Begeisterung für den Mondgott sind (vgl. Nr. 44)? Dass es Zeiten gab, als Eva nicht als Verführerin verfemt (vgl. Nr. 62), sondern als Mutter alles Lebendigen gefeiert wurde (vgl. Nr. 21)? Das Bewusstsein für geschichtliche Zusammenhänge kann Gläubigen und Religionsskeptikern im ökumenischen Dialog helfen, die emanzipatorischen Kräfte der Religionen zu fördern und Fundamentalismus zu überwinden.

Symbolträchtiger Ort für das geplante BIBEL+ORIENT MUSEUM: Ein fünfhundertjähriger Turm zwischen Universität und Bahnhof, zwischen Wissenschaft und Gesellschaft.

Die Vision: Beheimatung im Heinrichsturm

Die Vertikale Ökumene soll im mittelalterlichen Heinrichsturm, ideal gelegen zwischen Universität und Bahnhof und damit eine sichtbare Verbindung zwischen Science & Cité, sinnenhaft zu erleben sein. Ein Lift wird gleichsam zur Architektur gewordenen Zeitmaschine, die das Publikum durch mehrere Themensäle auf eine Reise von den vergangenen Tiefen in die gegenwärtigen Höhen mit Blick auf die heutige Stadt mitnimmt. Ein Sonderausstellungsbereich erlaubt das abwechslungsreiche Fokussieren auf Themen der Religions- und Kulturgeschichte, des interreligiösen Dialoges und der Bibelrezeption. Im Freiluftmuseum wachsen biblische Pflanzen und machen Jugendliche Bekanntschaft mit dem altorientalischen Leben in und um Zelt und Haus. Ein Werkatelier bietet Interessierten die Möglichkeit zur praktischen Arbeit mit Lehm, Stein und anderen Materialien. Eine Spezialbibliothek zur Glyptik bietet Studierenden und Forschenden die Möglichkeit, sich mit den Roll- und Stempelsiegeln der Sammlungen auseinanderzusetzen. Im Vortragssaal finden Fortbildungen und kulturelle Anlässe statt. Im Labor werden Objekte restauriert und Vitrinen geflickt. Im Büro wird die nächste Ausstellung konzipiert und dafür Geld gesucht...

Auf dem Weg zum Ziel

Im Jahr 2001 startete das Projekt BIBEL+ORIENT MUSEUM mit einem Startkapital der Gebert Rüf Stiftung, um Schritt für Schritt einen Museumsbetrieb aufzubauen. Seither wurde einiges erreicht:

Bild- und Objektdatenbank

Die im Aufbau befindliche webbasierte Datenbank erlaubt nicht nur eine genaue Katalogisierung der Museumsbestände, sondern auch systematische Recherchen für die wissenschaftliche Forschung, den Museums- und den Lehrbetrieb. Die Konzeption als Internetdatenbank ermöglicht den weltweiten Zugriff und die Kooperation verschiedener Institutionen und Personen. Nach ihrer Fertigstellung wird sie die weltweit größte Datenbank altorientalischer Miniaturkunst sein.

Medien

Eine schön gestaltete Katalogreihe dokumentiert Sammlungsteile und Ausstellungen. In einer preiswerten Broschürenreihe werden Themen von allgemeinem Interesse einem breiten Publikum verständlich dargelegt. Hörmedien, Postkarten, Bastelbögen und Übersichten runden das Angebot ab. Alle Produkte können über einen Internetshop bestellt werden. Halbjährlich wird in einem Newsletter über die jüngsten Projektentwicklungen berichtet.

Wanderausstellungen

In Kooperation mit bestehenden Museen vermittelt das Projekt BIBEL+ORIENT MUSEUM Einblick in die eigenen Themen und Sammlungsbestände und sammelt Erfahrungen im Hinblick auf den eigenen Museumsbetrieb. Die Ausstellung IM SCHATTEN DEINER FLÜGEL zu Tieren in der Bibel und im Alten Orient wurde in zehn Museen gezeigt und von rund zweihunderttausend Besuchern gesehen. Die Ausstellung WERBUNG FÜR DIE GÖTTER war in renommierten Kommunikationsmuseen zu sehen. Die Ausstellungen SALOMONS TEMPEL und VERTIKALE ÖKUMENE sind ausleihbar.

Verein «Projekt BIBEL+ORIENT»

Im Mai 2004 wurde der Verein «Projekt BIBEL+ORIENT» gegründet. Sein Ziel ist die Unterstützung der Tätigkeiten des Projekts BIBEL+ORIENT MUSEUM sowie die Gestaltung von Anlässen für seine Mitglieder.

Stiftung BIBEL+ORIENT

Im Februar 2005 wurde die Stiftung BIBEL+ORIENT ins Leben gerufen. Sie bezweckt die Valorisierung und Entwicklung der Sammlungen BIBEL+ORIENT mit dem Ziel der Errichtung und des Betriebes eines BIBEL+ORIENT MUSEUMs. Mit Verein und Stiftung sind wichtige strukturelle Voraussetzungen für die Realisierung der Vision geschaffen worden.

Ausstellungskabinett

Im November 2005 wurde an der Universität Freiburg ein Ausstellungskabinett für die Sammlungen BIBEL+ORIENT eröffnet. Seinen Besucherinnen und Besuchern eröffnet das embryonale Museum via Vitrinen und Schubladen einen konzentrierten Einblick in die Kulturen des Alten Orients und ihr vielgestaltiges Fortleben in den abrahamitischen Religionen.

Thomas Staubli,
Leiter des Projektes BIBEL+ORIENT MUSEUM

Aktuelle Informationen zu Ausstellungen, Produkten und Dienstleistungen, sowie Kontaktmöglichkeiten finden Sie unter www.bible-orient-museum.ch

Das kulturelle Gedächtnis und sein gesellschaftlicher Kontext

Damit ein Projekt wie das BIBEL+ORIENT MUSEUM verwirklicht werden kann, müssen viele Faktoren zusammenwirken: zündende Ideen, sehenswerte Sammlungen, Infrastrukturen, Zeit und Geld – vielleicht auch eine bestimmte Konjunktur, eine Art «Zeitgeist». Wenn das Museum «ankommen» soll, muss es ein Echo in der Gesellschaft finden. Bei Verantwortlichen für Bildung, Wissenschaft und Politik ist das BIBEL+ORIENT MUSEUM bisher auf viel Sympathie gestoßen – nicht zuletzt, weil es sich hervorragend in aktuelle Bemühungen einfügt, Wissenschaft und Gesellschaft (science et cité) einander näherzubringen, den interreligiösen Dialog zu fördern. In welcher Gesellschaft wird dieses Museum Gestalt annehmen? Welche cité wird es an ihre kulturellen und religiösen Wurzeln erinnern? Wie hält es diese Gesellschaft mit Religion und Museum, Bibel und Orient?

Religion in der modernen Gesellschaft: individuell, privat, plural

Religion ist modernen Menschen besonders jüngerer Generation keine Selbstverständlichkeit mehr. Zwar sind viele Schweizerinnen und Schweizer nach wie vor der Meinung, Religion sei etwas Wichtiges – für sie selbst und für andere. In ihrem alltäglichen Leben richten sie sich aber eher selten nach der Religion. Vor allem sind heute die meisten Menschen in diesem Land der Meinung, Religion sei eine Privatsache – jede und jeder müsse für sich selbst entscheiden, woran sie oder er glauben und was sie oder er für wahr halten wolle. Scheinbar gegenläufige Tendenzen (man spricht von «Rückkehr der Religion» oder «Wiederverzauberung der Welt») tragen zur Pluralisierung der Situation bei, heben die Individualisierung und Privatisierung der Religion in der modernen Gesellschaft aber keineswegs auf. Mit einer Renaissance kollektiv verbindlicher Religion ist in westeuropäischen Ländern auf absehbare Zeit nicht zu rechnen.

Das BIBEL+ORIENT MUSEUM will die Vielfalt der Einstellungen moderner Menschen zur Religion respektieren. Weil es möglichst viele Menschen in unserer Gesellschaft ansprechen will, ist sein Angebot religiös eher niederschwellig konzipiert.

Das Museum als Ort der Sinnstiftung

Religion kommt auch in einer säkularisierten Welt in einer Vielzahl verschiedenster Kontexte vor. So genannt letzte Fragen und eine Vielzahl von Antworten darauf werden heute in einem offenen Markt über alle möglichen Kanäle kommuniziert: Multimedia, Fernsehen, Film, Literatur, Museen... Einzelpersonen können, was ihnen selbst als unbedingt bedeutsam erscheint, gleichsam selbst auswählen und individuell konfigurieren.

Das BIBEL+ORIENT MUSEUM versteht sich in diesem Markt als ein Angebot besonderer Art. Die großen Fragen nach dem Woher, Wozu und Wohin werden hier vor dem Hintergrund der altorientalischen Mythologie, Kultur- und Religionsgeschichte aufgerollt. Die Erinnerungsarbeit geht Objekten, Bildern und Texten entlang, die Religion als komplexes kulturelles Artefakt sichtbar und greifbar machen. Moderne Menschen werden eingeladen, sich im Strom dieser Geschichte wiederzufinden.

Krise der Tradierung?

Selbst Menschen, denen ihre Religion wichtig ist, haben heute Mühe, diese ihren Kindern weiterzugeben; manchmal nehmen sie bewusst davon Abstand, weil sie den Kindern eine eigene, persönliche Wahl erlauben wollen. Die Zahl der nur schwach religiös sozialisierten Menschen und solcher, die sich selbst als religionslos bezeichnen, nimmt zu. Wenn religiöses Wissen nicht mehr tradiert wird, geht mit ihm auch ein Teil des kulturellen Gedächtnisses der Gesellschaft verloren.

Politikerinnen, Bildungsräte und andere um die Kohäsion der Gesellschaft und das kulturelle Erbe besorgte Menschen bemühen sich, dem Verlust des kulturellen Gedächtnisses im Rahmen der öffentlichen Schule zu begegnen. Das Netz der schulischen Tradierung ist allerdings weitmaschiger geknüpft als das der vormals familiären und milieubezogenen Vermittlung. Formen und Inhalte einer religionsbezogenen Volksschulbildung, die sowohl religiös sozialisierte als auch religionsdistanzierte, religionsindifferente und religionslose junge Menschen erreicht, sind erst noch zu erfinden.

Das BIBEL+ORIENT MUSEUM ist ein Ort, an dem das kulturelle Gedächtnis unserer Gesellschaft kritisch und innovativ erforscht und gepflegt werden kann – besonders im Blick auf die vorderasiatischen Wurzeln der jüdischen, christlichen und islamischen Religion.

Die Bibel als «jüdisch-christliches Erbe»?

Die meisten Menschen in unserer Gesellschaft denken, wenn sie das Wort «Bibel» hören, zuerst an das dicke Buch (die «Heilige Schrift») der Christen – das ja eigentlich eine ganze Bibliothek ist. Die grauenhaften Verbrechen der Judenvernichtung haben in der zweiten Hälfte des 20. Jahrhunderts das Bewusstsein dafür geschärft, dass der ältere Teil der Bibel aus jüdischen Schriften besteht. So spricht man denn heute auch von der Hebräischen oder Jüdischen Bibel und anerkennt, dass Christen und Juden dem gemeinsamen Erbe auch gemeinsam Sorge tragen sollen.

Zu Beginn des 21. Jahrhunderts wird viel über die geistigen Grundlagen Europas diskutiert. Manche berufen sich auf das «jüdisch-christliche Erbe», um Europa vom Orient abzugrenzen und den Islam aus der europäischen Kultur- und Religionsgeschichte auszugrenzen. Die Bindestrichformel «jüdisch-christlich» wird problematisch, wenn sie den Blick dafür verstellt, dass Judentum und Islam einander in vielem näher stehen als dem Christentum.

Das BIBEL+ORIENT MUSEUM will durch die Erinnerung an die gemeinsamen kulturellen Wurzeln der drei Offenbarungs- und Erlösungsreligionen im Vorderen Orient zur Verständigung von Juden, Christen und Muslimen und ihrer gleichrangigen Anerkennung in der Öffentlichkeit beitragen.

West-östlicher Diwan

Der Begriff «Orient», der das früher viel gebrauchte «Morgenland» verdrängt hat, ist facettenreich und hat das Verständnis für die Zivilisationen und Kulturen des alten Ägypten und Vorderasien nicht nur gefördert, sondern oft genug behindert, da diese im Licht der viel späteren Kultur des ausgehenden osmanischen Reiches gesehen wurden, das man mit Stichworten wie Despotie, Prunk und wollüstiger Dekadenz charakterisierte. In Zusammenhang mit der Bibel wurde der Orient z. B. in Goethes «West-Östlichem Divan» als Raum morgendlicher Klarheit gefeiert: «Wo sie noch von Gott empfingen Himmelslehr in Erdensprachen». Goethe nahm damit das alte EX ORIENTE LUX auf. Er wollte im Osten «in des Ursprungs Tiefe dringen». Dieses Bestreben lebt bei Thomas Mann wieder auf, wenn er seinen monumentalem Josephsroman mit dem Satz beginnen lässt: «Tief ist der Brunnen der Vergangenheit.»

Das BIBEL+ORIENT MUSEUM versteht sich als zeitgemässer «West-Östlicher Diwan», der zur Entschärfung von Vorurteilen und Versachlichung religiöser und kultureller Debatten beitragen soll. Nicht nur Ost und West, auch Vergangenheit und Gegenwart sollen hier miteinander im Gespräch bleiben. Archiv, Wissenslaboratorium und Agora in einem, soll das BIBEL+ORIENT MUSEUM kulturelles Gedächtnis nicht nur konservieren, sondern zugleich erschließen und mitgestalten.

Christoph Uehlinger,
Mitglied des Stiftungsrats der Stiftung
BIBEL+ORIENT

13

Ägypten

Das antike Ägypten

Staat und Pharao

Die altägyptische Kultur hat tiefe Wurzeln. Jahrtausende bevor Pyramiden gebaut werden konnten, hatten sich Menschen an den Ufern des Nils niedergelassen, Dörfer und Städte errichtet, Landwirtschaft betrieben, verschiedene Handwerke und Kunsthandwerke entwickelt und begonnen, sich über ihr Dasein und ihre Umwelt Gedanken zu machen. In einem langsamen Prozess bildeten sich Gesellschaftsstrukturen heraus, trat eine Elite hervor sowie Herrscher, die der Entwicklung von Handel und Wirtschaft großen Aufschwung verliehen. Die Herausbildung der Schrift und einer straff organisierten Verwaltung legte schließlich den Grundstein für den ägyptischen Staat, an dessen Spitze die Pharaonen über drei Jahrtausende (ca. 3000-30 v. Chr.) die Geschicke des Volkes leiteten. Die Wahrnehmung dieses Staates war von Israel her sehr zwiespältig, einerseits bewunderte es das effiziente zentralistische Gebilde und führte es sogar auf einen der Ihren zurück (Joseph, Gen 37,39-50), andererseits erlebte es die Hand Pharaos oft als unterdrückend (Ex 1-15).

Der Pharao war nicht nur Staatschef und Heeresführer, er war vor allem auch oberster Priester. Von den Göttern in sein Amt eingesetzt, war er ihnen gegenüber verantwortlich für das Wohlergehen des Landes, seiner Bewohner und der Götter selbst. Er musste insbesondere für den Unterhalt und den Ausbau der Tempel sorgen.

Götterbilder und die Umwelt Ägyptens

Damit die Gottheiten in der Verfassung waren, sich um den Lauf der Welt, das Geschick des Landes und das Wohlbefinden jedes Einzelnen zu kümmern, mussten die Menschen sie mit Nahrungsopfern und Kult verwöhnen. In allen Tempeln waren zahlreiche Priester täglich damit beschäftigt, sich im Namen des Pharao um die Bilder der Gottheiten zu kümmern. Jeder Kontakt mit einer Gottheit bedurfte eines Bildes, sei es einer reich ausgestatteten Statue oder eines bescheidenen Amuletts. Die Vielzahl und Vielfalt der Götterbilder ist für Ägypten kennzeichnend. Um dem unbegrenzten Wesen der Gottheiten Ausdruck zu geben, kombinierte man gerne die menschenförmige Darstellung mit der eines Tieres, das symbolisch auf eine besondere Kraft oder Fähigkeit der Gottheit verwies. Besonders typisch ist die Kombination des Tierkopfes mit einem Menschenkörper, eine Darstellungsweise, die bei den Israeliten in hellenistischer Zeit großen Anstoß erregte, aber auch bei den Griechen und Römern einiges Befremden hervorrief. Die Ägypter besaßen eine Vorliebe für Symbole, Metaphern und Zeichen aller Art. So verbanden sie mit vielen Tieren eine Charakteristik: der Löwe wurde zum Zeichen von Macht, der hoch aufschwebende Falke verwies auf die Sonne, die Kuh symbolisierte mütterliche Fürsorge und Ernährungsfähigkeit, Schlangen – insbesondere die Kobra oder Uräusschlange – standen für Schutz und Abwehr von Gefahren. Auch Pflanzen konnten zu Sinnbildern werden, allen voran die Lotusblüte, die aufgrund ihres allmorgendlichen Auftauchens aus dem Wasser zum Ausdruck stetiger Erneuerung der Lebenskräfte wurde. Etliche dieser Symbole wurden auch von den levantinischen Nachbarvölkern aufgenommen und in ihre eigene Bildersprache integriert.

Die Götter Ägyptens

Zu allen Zeiten galt der Sonnengott als höchste göttliche Macht, als Schöpfer und Quelle aller Leben spendenden Energie. Der regelmäßige Lauf der Sonne wurde als Garantie für die Instandhaltung der Schöpfung erachtet. In der Zeit Echnatons (1353-1336) wurden diese Gedanken bis zu einer extremen, die andern Götter ausschließenden Form des Monotheismus getrieben. Mit Ausnahme dieser kurzen Epoche bevölkerte jedoch eine große Anzahl von Göttern und Göttinnen das Universum. Sie alle wirkten fördernd und schützend auf die Stabilität des Weltgefüges und die Fruchtbarkeit der Erde ein. Jede Gottheit war eine umfassende Persönlichkeit mit unumschränkter Kraft. Die Ägypter waren sich bewusst, dass sie von dem vielseitigen Wesen der Gottheiten nur einen kleinen Teil erkennen konnten, dass der Name und das Bild, unter denen sie eine Gottheit kannten, nur einen Ausschnitt ihres Wesens wiedergaben.

Schrift und Jenseits

Wie im benachbarten Mesopotamien spielte auch in Ägypten die Schrift eine zentrale Rolle, obwohl nur etwa 2% der Bevölkerung sie beherrschte. Die Hieroglyphen stellen ein Schriftsystem dar, in dem sich Lautzeichen und Bildzeichen kombinieren. Die Schrift war ein effizientes Mittel zur Kontrolle der Wirtschaft. Jedes Produkt, jeder arbeitende Mensch, jedes Salär wurde notiert, und in spezialisierten Verwaltungsbüros wurde darüber Buch geführt. Die Religion war der zweite wichtige Anwendungsbereich der Schrift: Rituale und Hymnen wurden niedergeschrieben und wirksame Sprüche festgehalten, damit sie den Verstorbenen im Jenseits für alle Ewigkeit dienlich gemacht werden konnten.

Die Beschäftigung mit dem Jenseits war für die Ägypter seit ältester Zeit eine Priorität. Sie begruben ihre Verstorbenen und gaben ihnen ein kleines Holzschiff mit für die Reise ins unbekannte Jenseits, sowie Waffen zur Abwehr möglicher Feinde. Sie waren überzeugt, dass das Dasein auf Erden nur einen ganz kurzen Abschnitt darstellte, und dass der Großteil des Lebens sich in den Sphären des Himmels und der Unterwelt in Gemeinschaft mit den Göttern abspielen würde. Je nach gesellschaftlichem Stand wurden die Leute in mehr oder weniger aufwändig angelegten Gräbern beigesetzt, die ihrem Körper einen ewigen Schutz bieten und gleichzeitig ihr Andenken auf Erden aufrechterhalten sollten.

Susanne Bickel,
Konservatorin der Aegyptiaca

Aus der Inschrift eines Uschebtis in den Sammlungen BIBEL+ORIENT.

1 Lotoskelch – Symbol der regenerierenden Kraft des Anfangs

Elegante, dünnwandige Kelche in Form einer sich öffnenden Seerose (Lotos) waren in Ägypten beliebt. Der Lotos – himmelblau oder weiß – blüht oft aus trübem Wasser auf. Er ist in Ägypten, später in weiten Teilen Asiens Symbol des Übergangs vom gestaltlosen Chaos zum strahlenden Kosmos geworden. Jeden Morgen geht die Sonne als Kind aus ihm hervor. Er bedeutet Verjüngung. Wer aus dem Lotoskelch trank, hatte Teil am Zauber des Anfangs. Der hier abgebildete Kelch stammt aus dem 10.-8. Jahrhundert v. Chr., biblisch aus der Zeit Salomos und seiner Nachfolger. Das hebräische Wort für Lotos, *schoschanna* (erhalten im Namen «Susanna»!), stammt aus dem Ägyptischen. Die beiden Säulen am Eingang von Salomos Tempel trugen Lotoskapitelle (1Kön 7,19), das große Wasserbecken im Vorhof, das «Eherne Meer», hatte Lotosform (1Kön 7, 26), Hinweise auf die regenerierende Kraft der Gegenwart Gottes. Im Hohenlied werden die Geliebte und die Lippen des Geliebten als Leben steigernde Lotosblüten gefeiert (2,1f; 5,13). ok

Ägyptische Fayence; Höhe 15 cm; Ägypten; 22. Dynastie, 945-715 v. Chr.; ÄFig 2002.4; erworben mit Mitteln aus der Postkartenaktion 2001/2002

2 Gefolgsleute des Pharao – Staat aus dem Stein

Die nur mit einem Gürtel mit zwei Tuchstreifen bekleideten jungen Männer verneigen sich respektvoll, wie vergleichbare vollständige Reliefs zeigen, vor dem Pharao. Ihre langen Stöcke – Würdezeichen – geben sie dabei nicht aus der Hand. Vielleicht sind sie gerade von einer Expedition nach Byblos im Libanon zurückgekommen, wo sie Zedernstämme geholt haben, wie sie – viel später – auch Salomo für den Tempel und seinen Palast brauchte. Das Relief von raffinierter Einfachheit stammt aus einer königlichen Werkstatt aus der Zeit kurz nach dem Bau der großen Pyramiden von Giza. In Ägypten war mit der Erfindung der Schrift, einer hoch entwickelten Steinbearbeitung und anderen Errungenschaften schon vor 3000 v. Chr. eine große Kultur entstanden, zu der Israel, das zum ersten Mal in einer ägyptischen Quelle (Stele des Pharao Merenptah) um 1200 v. Chr. erwähnt wird, wie zu einem viel älteren, reicheren, bedeutenderen, bewunderten und beneideten Bruder aufblickte. ok

Kalksteinrelief mit Farbspuren; Breite 36 cm; aus der Grabanlage eines Pharao der 5. Dynastie, 2500-2350 v. Chr.; ÄFig 2000.1; Schenkung Hans und Sonja Humbel, Kilchberg ZH

3 In der Gewalt des Pharao – Ramses II.

Der Pharao mit Kriegshelm, plissiertem, geknotetem Schurz und einem zweiten durchsichtigen Schurz darüber, die Füße in Sandalen, hat die Streitaxt geschultert. Die Linke packt einen gefangenen Nubier, wahrscheinlich einen Häuptling, wie der bestickte Schurz mit langem Band vermuten lässt. Es war eine der Hauptaufgaben des Pharao, die als bedrohlich empfundenen Nachbarvölker im Griff zu haben. Rechts oben sind im Oval links sein Geburts-, in jenem rechts sein Thronname verewigt: *Ramesses Meri-Amun* «Ramses, geliebt von Amun» bzw. *User Maat Re Setep-en-Re* «Stark ist die Ordnungsmacht des Sonnengottes; erwählt vom Sonnengott». Es ist der berühmte Ramses II., der Ägypten 66 Jahre lang regiert hat. Da nach Ex 1,11 die Hebräer in Ägypten Frondienst beim Bau der Stadt «Ramses» leisten mussten, gilt er als Pharao des Auszugs. Ramses II. ist aber anders als die Ägypter, die nach biblischer Darstellung das hebräische Volk verfolgten und zur Strafe im Schilfmeer umkamen (Ex 14,27-28) friedlich gestorben und seine einbalsamierte Mumie liegt im Museum in Kairo. Die sich aufbäumende Uräusschlange (Kobra) an der Stirn und über seinem Ohr signalisieren seine göttliche Unantastbarkeit (vgl. Nr. 5 und 6). ok

Kalksteinrelief; Höhe 32 cm; Ägypten; Zeit Ramses II., 1279-1213 v. Chr.; ÄFig 1998.4; erworben mit Mitteln des Bundesamtes für Kultur, Bern

4 Gefesselter Kanaanäer

Die kleine Holzskulptur, ursprünglich Teil eines Möbelstücks, zeigt einen Bewohner Kanaans. Zu ihnen gehörten auch die Hebräer. Das üppige Haupthaar und der volle Bart waren in den Augen der Ägypter barbarisch. Für die Hebräer waren sie ein Zeichen der Würde. Die Arme des Kanaanäers sind auf den Rücken gebunden. Das reiche Ägypten fühlte sich durch die Kanaanäer bedroht, die bei den häufigen Hungersnöten im Süden Palästinas immer wieder in großer Zahl als Wirtschaftsflüchtlinge nach Ägypten kamen (Gen 12, 10; 41, 57-42, 5). Die kleine Skulptur verbindet das Bild des Gefangenen merkwürdigerweise mit dem Lotos, einem Regenerationssymbol (vgl. Nr. 1). Das mag bedeuten, dass sich die Situation der Kanaanäer, unterworfen zu sein, ständig wiederholen möge. Wie die ägyptische Repressionspolitik von den Hebräern erlebt wurde, ist in Ex 1-14 nachzulesen. Es ist eines der großen Verdienste der Bibel, nicht nur den Herrschenden, sondern auch den Unterdrückten eine Stimme gegeben zu haben. ok

Holzskulptur; Höhe 20 cm; Ägypten; römische Zeit, 1.-2. Jh. n. Chr.; ÄFig 2001.13; erworben mit Mitteln der Ulrico Hoepli-Stiftung, Zürich

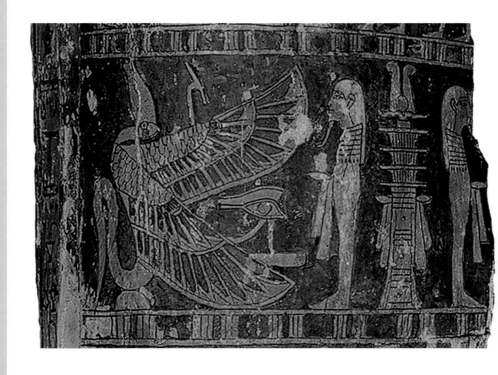

5 «Heilig, heilig, heilig!»

Die sich aufbäumende Kobra (Uräus) ist hier mit zwei Flügeln ausgestattet. Sie signalisieren übernatürliche Schutzkraft. Ihre Göttlichkeit betonen auch die himmlischen Farben: Gold und Blau. Hebräisch heißen Kobraschlangen *serafim* «Verbrenner», weil das Gift, das sie in die Augen ihrer Opfer speien, schrecklich brennt. An der Stirn von Pharaonen (Nr. 3) und Göttern (Nr. 9) signalisieren sie Unantastbarkeit. Hier schützt der Uräus das heile Himmelsauge (Udschat; vgl. Nr. 13) und den Verstorbenen, der seinerseits heil werden soll. Mit vier Flügeln ausgestattete Kobras waren ein beliebtes Symbol auf hebräischen Siegelamuletten am Ende des 8. Jahrhunderts v. Chr., zur Zeit des Propheten Jesaja. Berühmt geworden sind die sechsflügligen Serafim, die der Prophet in einer gewaltigen Vision sah (Jes 6). Ihr dreifach zischendes *qadosch* «Heilig» ist der Anfang des wohl ältesten Kirchenliedes. Die stark menschengestaltig (anthropomorph) geprägte Gottesvorstellung der Griechen hat die Serafim menschengestaltig dargestellt. Der Aspekt des erschreckend-faszinierenden Geheimnisses ging so verloren. ok

Ausschnitt aus dem Fragment einer Mumienhülle; Höhe des Ausschnitts 15 cm; Ägypten; 21.-22. Dynastie, 1070-715 v. Chr; ÄFig 2001.6; Schenkung Dr. Adolphe Merkle, Greng bei Murten

6 Vom Wandel der Gottesvorstellungen – die «Eherne» Schlange

Die Kobra, die sich über einer Papyrusblüte aufrichtet, konnte, auf einen Stab aufgesteckt, in Prozessionen mitgetragen werden. Verschiedene Gottheiten erscheinen in dieser Gestalt. Im vorliegenden Fall trägt sie die Krone des Osiris (vgl. Nr. 9), des Gottes, der für das (Weiter-)Leben der Verstorbenen zuständig war.
Auch in Jerusalem wurde das Bild einer Schlange verehrt, das Nehuschtan «das Bronzebild» hieß. Man erzählte, Mose habe es in der Wüste auf Geheiß Gottes gemacht, als die Israeliten von Kobras (Serafim) gebissen wurden. Wer zum Bild aufschaute, wurde geheilt (Num 21,4-9). Trotz dieses ehrwürdigen Ursprungs ließ der König Hiskija von Juda um 700 v. Chr. das Bronzebild zerstören, weil es wie ein Gott verehrt wurde (2 Kön 18,4). Als Symbol hat diese Schlange auch nach dem Bildersturm weiter gelebt. Im Johannesevangelium ist die auf einem Stab erhöhte, Heilung wirkende Schlange ein Vorbild des Gekreuzigten (3,14f). ok

Bronzefigur; Höhe 17,5 cm, Ägypten; Spätzeit, 26.-30. Dynastie, 664-343 v. Chr. oder etwas früher; ÄFig 2000.9; Schenkung Miriam Lichtheim, Beerscheba

23

7 Die drei Gottheiten von Memphis – weltgestaltende Mächte

Die ägyptische Götterwelt war unvorstellbar vielfältig. Seit dem 15. Jahrhundert v. Chr. hat man begonnen, sie in Dreiergruppen (Triaden) zu organisieren: einem männlichen, einem weiblichen und einem Prinzip der Erneuerung (Kind). Die Triade der alten Residenzstadt Memphis – etwas südlich von Kairo – bestand aus dem «Handwerkergott» Ptah, der in archaischer Haltung, ohne Krone, nur mit dem Götterzepter, dargestellt ist (a). Eine Erscheinungsform des Ptah war der Apis-Stier (d). Herodot hat im 5. Jahrhundert v. Chr. Ptah mit Hephaistos, dem göttlichen Schmied der Griechen, identifiziert. Im «Denkmal memphitischer Theologie» wird Ptah als Gott gefeiert, der mittels seines Denkens (Herzens) und Redens (Zunge) alle Gottheiten und die Welt «gemacht hat». Er ist der Prototyp des Schöpfergottes von Gen 1, der «sprach und es geschah». Das weibliche Prinzip der Triade ist die löwenköpfige Sachmet «die Mächtige» (b). Die Sonnenscheibe auf dem Kopf verrät ihre Nähe zum Sonnengott. Sie macht krank, doch sie heilt auch. Der Sohngott, Nefertem «der vollkommen Schöne» trägt als sein Symbol den Lotos (vgl. Nr. 1) auf dem Kopf (c). ok

7a Bronzefigur; Höhe 20 cm; Ägypten; 26.-30. Dynastie, 664-343 v. Chr.; ÄFig 1996.2; erworben mit Mitteln des Rektorats der Universität Freiburg Schweiz und des Bundesamtes für Kultur **7b** Bronzefigur; Höhe 12,5 cm; Ägypten; ptolemäisch, 4.-1. Jahrhundert v. Chr.; ÄFig 2000.4; erworben mit Mitteln der Gedächtnisstiftung Peter Kaiser, Vaduz **7c** Bronzefigur, Höhe 20 cm; Ägypten; ptolemäisch, 4.-1. Jh. v. Chr.; ÄFig 1998.5; erworben mit Mitteln des Bundesamtes für Kultur, Bern **7d** Bronzefigur; Höhe 8,2 cm; Ägypten; 26. Dynastie, 664-525 v. Chr.; ÄFig 1989.1; Dauerleihgabe des Bundesamtes für Kultur, Bern

8 Amun, der verborgene, in der Sonne offenbare Gott

Im oberen Teil der Stele sind die drei Hauptgottheiten von Theben-Karnak, der heiligsten Stadt Ägyptens während des glanzvollen Neuen Reiches zu sehen. Hebräisch hieß sie *no-amun* «Stadt des Amun» (Nah 3,8). Amun, «der Verborgene» (vgl. Jes 45,15) war häufig mit dem Sonnengott Re verbunden. Er trägt über der Krone nebst seinen zwei hohen Falkenschwanzfedern eine Sonnenscheibe. Diese findet sich übrigens bei vielen Gottheiten. Seine Partnerin ist Mut «die Mutter». Beiden gegenüber steht gleichsam als Priester ihr Sohn mit der Prinzenlocke, der Mondgott Chons, «der Wanderer». Im unteren Register sind der Stifter der Stele und seine Familie zu sehen. Er war Viehinspektor der Rinderherden des Amun. Seine Frau war Sängerin im Tempelchor. Die beiden Töchter hatte sie aus erster Ehe mitgebracht. Ein Tempel war Residenzort einer Gottheit. Je nach Bedeutung des Heiligtums gab es nur einen einzigen Diener, d. h. Priester der Gottheit (vgl. Ri 17,5) oder ein ganzes Heer wie im hunderttorigen Theben. ok

Kalksteinstele; Höhe 46 cm; Ägypten, vermutlich Theben; Ende 18.-Anfang 19. Dynastie, ca. 1400-1250 v. Chr.; ÄFig 1999.7; erworben mit Mitteln der Gedächtnisstiftung Peter Kaiser, Vaduz

25

9 Osiris, der Erste der Verstorbenen – ein Familiendrama

Die bekannteste ägyptische Triade bildeten Osiris, Isis und Horus. Es ist die einzige, von der man einen dramatischen Mythos zu erzählen wusste. Osiris mit der mächtigen Krone und dem Uräus an der Stirn (vgl. Nr. 3 und 5-6) soll einer der ersten Könige Ägyptens gewesen sein. Er wurde von seinem eifersüchtigen Bruder Seth ermordet und seine Leiche zerstückelt. Seine zauberkundige Schwester und Gemahlin Isis (Nr. 10) aber «stand hinter ihm». Es gelang ihr, seine Leiche wieder zusammenzufügen und den Toten jenseitstüchtig zu machen. Ja, er wurde der erste verklärte Tote und Herrscher des Totenreiches, der Prototyp aller Verstorbenen. Das bodennahe Alte Testament hat sich bis im 2. Jahrhundert v. Chr. kein Leben nach dem Tod vorgestellt (vgl. Nr. 15). Bronzen wie die des Osiris (a) sind häufig mit viel kleineren Beterfiguren (b) kombiniert. Auch im alten Israel erlebte man Gott, wenn er erschien, riesengroß (Jes 6,1). Die schreitende Figur bringt auf einem Tablett fünf Brote für den Gott. Auch im Tempel von Jerusalem stand vor dem Allerheiligsten ein Tisch, auf dem immer Brote lagen, die «Brote des Angesichts», von Luther mit «Schaubrote» übersetzt (Ex 25,30). ok

9a Bronzefigur; Höhe 28 cm; Ägypten; 26. Dynastie, 664-525 v. Chr.; ÄFig 1996.1; erworben mit Eigenmitteln der Sammlungen **9b** Bronzefigur; Höhe 8,5 cm; Ägypten; 26. Dynastie, 664-525 v. Chr.; ÄFig 2006.4; Schenkung des Diogenes Verlags, Zürich

10 Isis, die Gottesmutter, ein Fisch als Helfer und ihr siegreicher Sohn

Die Göttin (a) trägt hier nicht das für sie übliche Zeichen «Thron» auf dem Kopf, sondern das der Hathor, das Kuhgehörn mit Sonnenscheibe. Attribute und Titel ägyptischer Gottheiten wurden häufig ausgetauscht. Wie in der immer wieder auftauchenden Sonnenscheibe (Nr. 7 Sachmet; Nr. 8 Amon) kam darin die Einheit alles Göttlichen zum Ausdruck. Kuhgehörn und Sonne trägt auch der Spitznasenfisch (Oxyrhynchos; b) zum Dank, dass er Isis half, die Leichenteile des Osiris einzusammeln, die Seth in den Nil geworfen hatte. Bevor Osiris endgültig ins Jenseits einging, empfing Isis von ihm Horus, seinen Erben. Vom Mörder seines Vaters verfolgt, musste sie ihn in den Sümpfen versteckt aufziehen. Isis ist mit ihrer Hingabe für den gefährdeten Sohn zum Prototyp der stillenden Gottesmutter Maria geworden. Horus (c) wird bereits als nacktes Kind mit dem Finger im Mund thronend und durch eine mehrteilige Krone ausgezeichnet als Nachfolger seines Vaters charakterisiert. Erwachsen rächte der Sohn den Vater. In seiner falkenköpfigen Gestalt harpuniert er Seth als Nilpferd. Um dieses magisch zu schwächen, ist es winzig dargestellt. Im Buche Ijob beansprucht JHWH, das Chaos in Gestalt des Nilpferds zu bekämpfen (40, 15-24). ok

10a Bronzefigur; Höhe 20,5 cm; Ägypten; ptolemäisch, 3.-2. Jh. v. Chr.; ÄFig 1995.1; Schenkung Elly Halter-Jenny, Küsnacht **10b** Bronzefigur; Länge 12,9 cm; Ägypten; 2. Hälfte des 1. Jt.s v. Chr.; ÄFig 2001.18; erworben mit Mitteln der Ulrico Hoepli-Stiftung, Zürich **10c** Bronzefigur; Höhe 10,2 cm; Ägypten; ptolemäisch, 4.-1. Jh. v. Chr.; ÄFig 1999.2; erworben mit Mitteln des Rektorats der Universität Freiburg Schweiz **10d** Bronzefigur; Höhe 8,2 cm; Ägypten; ptolemäisch, 2.-1. Jh. v. Chr.; ÄFig 1983.1; Schenkung Graf Adrian von Dohna, Gelsenkirchen-Horst D

11 Dem Horuskind wird – im Schatten des Bes – nichts gefährlich

Die Rückseite der kleinen Stele zeigt Isis, die in den Sümpfen von Chemmis – von der Flügelsonne beschützt und einem Uräus bewacht (vgl. Nr. 5) – ihr bedrohtes Kind großzieht. Wie Isis zum Prototyp der Frau wurde, die alle Nöte des Ehelebens und des Mutterseins meistert, so «Horus das Kind» (Harpokrates) zum Prototyp des Kindes, das alle Gefahren überwindet. Durch Prinzenlocke und Nacktheit als Kind charakterisiert, hat er mit jeder Hand zwei Schlangen und je einen Skorpion fest im Griff. Seine Füße stehen auf zwei sich kreuzenden Krokodilen. Von der Maske des zwergenhaften Bes (vgl. Nr. 12) beschützt kann ihm nichts gefährlich werden. Die Komposition diente dem Schutz der von hoher Sterblichkeit bedrohten Kleinkinder. Sie hat ein Gegenstück im Psalm 91, der mit der Zeile beginnt: «Wer im Schutz des Höchsten wohnt», braucht sich vor keiner Gefahr, weder vor Schlangen noch Krokodilen, zu fürchten. Der Anfang dieses «Amulettpsalms» ist auf vielen jüdischen und christlichen Amuletten zu finden. ok

Kalksteinstele; Höhe 15,6 cm; Ägypten; ptolemäisch, 2.-1. Jh. v. Chr.; ÄFig 2001.12; erworben mit Mitteln der Ulrico Hoepli-Stiftung, Zürich

12 Der gute Geist der Kinderstube

Die nackte Gestalt mit den nach außen geknickten Beinen, dem offenen Maul, der heraushängenden Zunge und der stilisierten Löwenmähne sieht nicht gerade Vertrauen erweckend aus. Seine ganze Hässlichkeit stand aber ausschließlich im Dienst der Schwangeren, Gebärenden, Säuglinge und Kleinkinder, von denen er böse Dämonen fernhielt. Vor allem die Geburt war in der Antike gefährlich, ein von Angst und Schrecken begleiteter Vorgang (Gen 35,18; Jer 6,14; vgl. Nr. 56). Ein kräftiges Mittel, das Schutz versprach, war da hoch willkommen. Bes-Amulette sind auffällig häufig in Israel gefunden worden, auch noch in biblischer Zeit (siehe Nr. 13). Die vorliegende Figur zeigt Bes auf den Schultern einer weiteren zwergenhaften Gestalt. Vielleicht stellt diese eine schwangere Zwergin dar, der Bes im Nacken sitzt und das bedeutet: Sie wird beschützt (vgl. die kleine Figur bei Nr. 9). Vielleicht handelt es sich auch um einen kleinen Ptah, einen Patäken, der ähnliche Funktionen wahrnahm wie Bes. Beide «kumuliert» wären ein mächtiges Amulett. ok

Ägyptische Fayence; Höhe 10,1 cm; Ägypten; 8.-7. Jh. v. Chr.; ÄFig 2000.2; erworben mit Mitteln der Gedächtnisstiftung Peter Kaiser, Vaduz

29

13 Amulette – göttliche Begleitung im Alltag

Alle Gottheiten der großen Triaden (Nr. 7-10) und viele andere konnten seit dem Neuen Reich (ca. 1530-1070 v. Chr.) ihre Verehrer und Verehrerinnen in Form von Miniaturfiguren oder von Gravuren auf den Basen der Skarabäen (Nr. 14) mit ihrem Schutz und ihrem Segen in den Alltag begleiten. Einzelne Amuletttypen waren auch in Palästina, inklusive judäischen Städten wie Lachisch oder Jerusalem, beliebt. Am häufigsten (556mal) wurde in Ausgrabungen in Israel/Palästina das Udschat-Auge, das «Heile Auge» gefunden (a-b). Es ist eine Kombination von Menschen- und Falkenauge (vgl. Nr. 16), die das Himmelsauge symbolisiert, das zeitweilig verletzt wird (Mond) bzw. verschwindet (Mond, Sonne) aber immer wieder heil da ist. Das Udschat-Auge konnte als Auge Gottes schlechthin verstanden werden (vgl. Jer 24,6; Ez 20,17). Am zweithäufigsten ist der kleine Ptah von Memphis (Nr. 7), der Patäke (c), der 250mal gefunden wurde und ähnlich wie Bes (d-e; vgl. Nr. 11-12), der 171mal auftauchte, den Müttern und Kleinkindern half. Man mochte in diesem sensiblen Bereich vielleicht nicht allein dem Staatsgott JHWH vertrauen. Ezechiel hat diese ägyptischen Figuren als «Mistdinger» verächtlich gemacht (Ez 20,7f). ok

13a Ägyptische Fayence, blaue Glasur; Breite 2,4 cm; Ägypten; 22.-25. Dynastie, 945-656 v. Chr.; ÄA 1984.1 **13b** Ägyptische Fayence, grünliche Glasur; Breite 3,7 cm; Ägypten; 26. Dynastie, 664-525 v. Chr.; ÄA 1983.169a **13c** Ägyptische Fayence, sehr dünne grüne, schwarze und farblose Glasur; Höhe 4,3 cm; Ägypten; Neues Reich bis 3. Zwischenzeit, ca. 1400-656 v. Chr.; ÄA 1983.1562 **13d** Ägyptische Fayence mit blaugrüner und schwarzer Glasur; Höhe 5,6 cm (Federkrone weggebrochen); Neues Reich bis 3. Zwischenzeit, ca. 1400-656 v. Chr.; ÄA 1983.1571 **13e** Ägyptische Fayence mit hellgelber und brauner Glasur; Höhe 4,7 cm; Ägypten; Spätzeit, 664-332 v. Chr.; ÄA 1983.1661; alle erworben mit Mitteln der Sammlungen BIBEL+ORIENT und der Administration der Universität Freiburg Schweiz

14 Skarabäen und Echnaton, der erste Monotheist

Der (Mist-)Kugeln schiebende Käfer (a) war ein Symbol für die Kraft, die die Sonne jeden Tag neu am Himmel erscheinen ließ. Siegelamulette in Form des Skarabäus (Mistkäfer) kamen erst am Ende des 3. Jahrtausends v. Chr. auf. Sie wurden zuerst nur von Frauen und Kindern benützt. Erst nach und nach wurden sie von den oberen Gesellschaftsschichten übernommen. In der 18. Dynastie machte vor allem Pharao Amenophis III. (1390-1353 v. Chr.) ausgiebig von dieser Form Gebrauch. Er ließ Hunderte von großen Skarabäen anfertigen, auf denen sein Thronname *Neb-Maat-Re* stand und dazu die Beischrift «Geliebt von der Gottheit X», z. B. von «Thot, dem Herrn der Hieroglyphen» (b). Der Gott Thot konnte nicht nur als Ibis (Nr. 17), sondern auch als Pavian erscheinen. Genau den gleichen Typ wie sein Vater hat auch der Sohn Amenophis IV./Echnaton am Anfang seiner Regierung schneiden lassen (c). Nach seiner Reform, die einen exklusiven Monotheismus der Sonnenscheibe und des Lichts einführte, hat er die andern Götter geächtet und auch die mythologische Form des Sonnenkäfers verworfen. An Stelle der Skarabäen traten Fingerringe, die den König über einer Lotosblüte (Nr. 1) unter den Strahlen der Sonnenscheibe (Aton) zeigen (d). Seine Tochter *Anches-en-pa-Aton* «Sie lebt für den Aton» hat den geächteten Skarabäus durch ein Phantasietierchen ersetzt (e-f). ok

14a Enstatit; Länge 2 cm; Ägypten; 19. Dynastie, 1292-1190 v. Chr.; ÄS 1983.1287 **14b** Enstatit; Länge 4,1 bzw. 1,55 cm; Ägypten; Zeit Amenophis' III., 1390-1353 v. Chr.; ÄS 1983.1088 **14c** Enstatit; Länge 1,6 cm, Ägypten; erste Jahre Amenophis' IV., zwischen 1353 und 1350 v. Chr.; ÄS 1985.1 **14d** Lapislazuli; Länge 1,9 cm; Ägypten, wahrscheinlich Amarna; Echnaton, 1350-1336 v. Chr.; ÄS 1983.1171 **14e-f** Enstatit mit grünblauer Glasur; 1,55 cm; Ägypten, wahrscheinlich Amarna; ca. 1345-1332 v. Chr.; ÄS 1983.1159; alle erworben mit Mitteln der Sammlungen BIBEL+ORIENT und des Bundesamtes für Kultur, Bern

15 Den toten «Horus» mumifizieren – ein verdienstvolles Werk

Der Wanderfalke ist sorgfältig mumifiziert und in verschiedene Sorten von Leinen, feinen und gröberen, hellen und dunklen so einbandagiert worden, dass ein gefälliges Kassettenmuster entstand. Einem toten Falken, dem heiligen Tier des Horus (Nr. 16), diese Behandlung zuteil werden zu lassen, galt als gutes, segenbringendes Werk. Nicht nur Menschen konnten durch Mumifizierung und deren Riten Teil am Leben des Jenseitsherrschers Osiris (Nr. 9) erlangen, sondern auch Tiere, die einer Gottheit heilig waren (vgl. Nr. 17-18). Die Vorstellung, dass Tiere am ewigen Leben teilhaben sollen, ist im Judentum und Christentum ungewohnt und wird, wo sie gedacht oder gar postuliert wird, leicht als blasphemisch empfunden. Die Mumifizierung von Menschen war im Judentum denkbar (Gen 50,2). Ein ewiges Leben hingegen konnte man sich bis ins 2. Jahrhundert v. Chr. selbst für Menschen nicht vorstellen (vgl. Koh 3,19-21). Als dieser Glaube in der Makkabäerzeit aufkam, basierte er nicht auf speziellen Riten, sondern im Vertrauen auf die Gerechtigkeit Gottes und auf seine Schöpferkraft (2Makk 7). ok

In Leinen gewickelte Wanderfalkenmumie; Höhe 36 cm; Ägypten; 4.-2. Jh. v. Chr.; ÄFig 2005. 9; Schenkung Othmar Keel, Freiburg Schweiz (M. Benoist Preis 2005)

16 Horus, der Ferne, der sehr nahe sein kann

Der bunt gefiederte Falke steht auf dem Zeichen «Gold», hier ein Symbol für den lichtdurchfluteten Himmel. Der Falke ist eine der Erscheinungsformen des Gottes Horus, des «Fernen», der unter Nr. 10 als menschliche Gestalt mit Falkenkopf und unter Nr. 9 ganz menschengestaltig begegnet ist. Die Sonne auf dem Kopf identifiziert ihn als «Horus am Horizont», als Erscheinung der Morgensonne. Die ausgebreiteten Flügel bedeuten wie bei Nr. 5 Schutz. In den Psalmen sucht man Schutz unter den Flügeln des Höchsten, des Gottes des Himmels (Ps 17,8; 36,8), der wie die Sonne unendlich fern in der Höhe wohnt, dessen Schutz den Bedürftigen aber ganz nahe ist, «um den Geist der Bedrückten wieder aufleben zu lassen» (Jes 57,15). ok

Fragment einer Mumienhülle; Höhe 21 cm; Ägypten; 22. Dynastie, 10.-9. Jh. v. Chr.; ÄFig 1999.16; erworben mit Mitteln der Gedächtnisstiftung Peter Kaiser, Vaduz

17 Der Gott der Weisheit wird zur Weisheit Gottes

Die elegante Figur des ruhenden Ibis war eine Weihegabe für den Gott Thot. Er konnte als Ibis oder Pavian erscheinen (Nr. 14). Thot war der Gott der Schrift und der Schreibkunst, des Wissens, der Weisheit und aller Geheimnisse und des Botenwesens. Die Griechen identifizierten ihn mit Hermes. Den Juden, die ab dem 6. Jahrhundert v. Chr. in immer größeren Kolonien in Ägypten lebten, kam der in der Spätzeit aufblühende ägyptische Tierkult blasphemisch vor. Die im 1. Jahrhundert v. Chr. in Alexandria entstandene «Weisheit Salomos» verurteilt und entschuldigt ihn mit den Worten «Allzu weit waren sie in die Irre gegangen, als sie die allerhässlichsten und verachtetsten Tiere für Götter hielten [...] Sie haben die Welt in ihrer Vollkommenheit vor Augen, ohne den wahrhaft Seienden zu erkennen [...], denn schön ist, was sie schauen» (12,24-13,7 passim). In der Hebräischen Bibel wird der Ibis als Künder der Nilüberschwemmung erwähnt, als Element, das eindrücklich von der Weisheit des Schöpfers zeugt (Ijob 38,36). ok

Figur aus Bronze, Holz und bemaltem Stuck; Länge 25,2 cm; Ägypten; wahrscheinlich 26. Dynastie, 664-525 v. Chr.; ÄFig 2004.1; testamentarische Schenkung von Dr. Leo Mildenberg, Zürich

18 Ein Tier hat Teil am ewigen Heil

Tote Ibisse wurden nicht nur mumifiziert, sondern in eigens hergestellten Sarkophagen beigesetzt. Die Malerei auf der Seitenwand eines solchen Sarkophags zeigt links einen Priester, der dem verklärten Vogel räuchert. Die Straußenfeder unter dem Schnabel ist das Symbol der rechten Ordnung, der Ma'at . Sie bedeutet in diesem Zusammenhang wohl, dass der Ibis vom Totengericht gerechtfertigt ist. Der Ibis hat auf dieser Malerei kein rundes Vogel-, sondern ein Menschenauge mit Augenbraue. Er trägt die Krone des Osiris (Nr. 9). Er ist durch Mumifizierung und Bestattungsriten zu Osiris geworden. Rechts außen ist der Dsched-Pfeiler, das Symbol des Osiris, von zwei Isisknoten flankiert zu sehen, ein weiterer Hinweis auf die «Osiris-Werdung». Im Christentum sterben und auferstehen Gläubige mit Christus. Angesichts des personalen Charakters dieses Glaubens hat man ihn nie auf Tiere übertragen (vgl. Nr. 15). Im Judentum, wo Auferweckung ausschließlich auf der Gerechtigkeit und Schöpferkraft Gottes basiert, konnte man sich das eher vorstellen (Maimonides). ok

Mit Stuck überzogenes, bemaltes Holz; Breite 46 cm; Ägypten; zw. 400 und 200 v. Chr gemäß C14-Test der ETH Zürich; ÄFig 2002.1, Schenkung von Hans und Sonja Humbel, Zürich

19 Totenbuchpapyri – Hilfen, um im Jenseits glücklich zu werden

Die hier benützte Schrift scheint mit den Hieroglyphen der monumentalen Denkmäler (vgl. Nr. 3 und 8) nichts gemeinsam zu haben. Es ist aber das gleiche System, nur sind die einzelnen Zeichen in der Kursivschrift des Späthieratischen ausgeführt. In der 18. Dynastie (1530-1292 v. Chr.) ging man dazu über, das für den Toten bestimmte Spruchgut statt auf die Wände der Grabkammern und Särge auf Papyrusrollen zu schreiben. Jeder Spruch wurde im Idealfall mit einem Titel und einer Bildvignette versehen. Insgesamt sind heute 190 Sprüche bekannt. Kein Totenbuchpapyrus enthält alle, sondern immer nur eine Auswahl. Im 19. Jahrhundert glaubte man, im Totenbuch eine Art Bibel der alten Ägypter zu besitzen. Die Sprüche des Totenbuchs wollen aber nicht Weisung für das diesseitige Leben sein, sondern dem Toten in seiner jenseitigen Existenz helfen. Der obere Teil der linken Kolumne enthält den Rest von Spruch 80, dessen Zweck es ist, «Gestalt anzunehmen als Gott und die Finsternis zu erleuchten», und den Anfang von Spruch 81 (in Rot) «Gestalt anzunehmen als Lotoblüte» (vgl. Nr. 1). Die Vignette mit dem Toten vor dem Opfertisch gehört zu Spruch 53 «Spruch, um keinen Kot essen und keinen Urin trinken zu müssen im Totenreich». ok

Fragment eines Papyrus, mit roter und scbawarzer Tinte beschriftet; Breite 11,5 cm; Ägypten, wahrscheinlich Theben; frühe Ptolemäerzeit, 3. Jh. v. Chr.; ÄFig 1999.10; Schenkung Herbert Haag, Luzern

Vorderasien

Vorderasien und die Welt der Bibel

Wo liegt Vorderasien?

Der Begriff Vorderasien bezeichnet in der Altertumswissenschaft jenen Lebensraum, der heute Türkei, Syrien, Libanon, Israel, Palästina, Jordanien, Irak, Armenien, Iran und Arabische Halbinsel heisst (vgl. vordere Klappe). Was den Zeitraum anbelangt, umfasst man mit dem Begriff Alter Orient die Geschichte Vorderasiens von ihren Anfängen bis zur Ausbreitung der griechischen und römischen Kultur in den letzten zwei Jahrhunderten vor der Zeitenwende (vgl. hintere Klappe). Nicht dazugerechnet werden traditionellerweise das afrikanische Ägypten und die Geschichte ab der Antike.

Die Menschen des Alten Orients bestimmten ihren Lebensraum durch das Wasser. Sie sprachen vom Land zwischen dem oberen und dem unteren Meer und von den vier Ufern. Damit meinten sie das Mittelmeer («Oberes Meer»), den Persischen Golf («Unteres Meer») sowie Euphrat und Tigris mit jeweils einem westlichen und östlichen Flussufer, insgesamt also vier Ufern. Der Euphrat stellt eine kulturelle Grenze dar zwischen der Levante, dem Land am Mittelmeer, und Mesopotamien, dem Zweistromland zwischen Euphrat und Tigris. Im Altertum nannte man die jeweils am anderen Ufer liegende Seite schlicht «jenseits des Stroms». Jemand am Mittelmeer bezeichnete damit Mesopotamien (Jos 24,2-3.14-15; 2Sam 10,16||1Chr 19,16; 1Kön 14,15; Jes 7,20), während jemand im Zweistromland mit denselben Worten die Levante meinte (Neh 2,7.9; 3,7). Mit der Zeit wurde der Ausdruck «jenseits des Stroms» zur festen Bezeichnung für die Levante, und zwar vom Blickwinkel Mesopotamiens aus formuliert (1Kön 5,4; Esra 4,10-11.16-17.20; 5,3.6; 6,6.8.13; 7,21.25; 8,36; vgl. das österreichische Bundesland «Vorarlberg» und den römischen Stadtteil Trastevere). Bezeichnet man sich selbst aus dem Blickwinkel eines anderen, so zeigt sich darin die größere Wichtigkeit des anderen. Das Zweistromland hatte viele Jahrhunderte lang eine kulturelle und politische Vorrangstellung.

Keilschrift und Rollsiegel

Im 4. Jahrtausend v. Chr. entstand im südlichen Zweistromland die Hochkultur der Sumerer. Wahrscheinlich waren es die Sumerer, die als erste Tontafeln mit Schriftzeichen versahen, aus denen sich später die Keilschrift entwickelte. Man drückt die Spitze eines Schilfrohres in Ton, was keilförmige Vertiefungen hinterlässt, die Keilschrift. Schon früher waren die Rollsiegel aufgekommen, Zylinder aus Stein oder anderem festen Material, in welche Muster oder Bilder geschnitten waren, so dass sie beim Abrollen auf Ton unverwechselbare Zeichen hinterließen. Damit konnte man den Inhalt von Behältern vor unberechtigter Entnahme schützen, wenn diese mit Tonklumpen verschlossen waren. Rollte man das Rollsiegel auf einer Keilschrifttafel ab, ersetzte es die Unterschrift. Diese für die Wirtschaft und Verwaltung wichtigen Errungenschaften verbreiteten sich rasch in der Levante und auf dem iranischen Hochplateau.

Zu Beginn des 2. Jahrtausends traten die Sumerer gegenüber Völkern mit semitischer Sprache, vor allem den Babyloniern, zurück. Diese hatten die Keilschrift übernommen und so verbreitet, dass Akkadisch zur internationalen Verkehrssprache wurde. Der Pharao von Ägypten, der König der Hethiter in Anatolien und die Stadtfürsten von Jerusalem – sie alle schrieben Keilschriftbriefe bzw. ließen von ihren Beamten schreiben. In dieser Zeit war Kanaan ein Zankapfel zwischen dem Pharao und dem König der Hethiter. Von den Babyloniern haben die Hethiter die Staatsverträge übernommen und mit großem Geschick weiterentwickelt. Ihr Vertragsmodell, bei dem der mächtigere König dem schwächeren helfen soll, wurde ein so fester Bestandteil der Kultur, dass es auch in den biblischen Gedanken vom Bund Gottes mit dem Volk Israel einfloss, bei dem der mächtige Gott den schwachen Menschen helfen will (Ex 19-24; Dtn 26,16-19; 28,69). Die Schreiber, die in den Städten Kanaans den Briefverkehr zwischen den Königen ermöglichten, lasen auch Erzählungen aus dem Zweistromland. So fand man in Megiddo ein Fragment des Gilgamesch-Epos. Unter anderem berichtet diese Dichtung von der Sintflut (Gen 6-9). Israel übernahm in seinem Denken und Reden rechtliche und mythische Überlieferungen aus Vorderasien.

Israel und seine Umwelt

Gegen Ende des 2. Jahrtausends erwähnt Pharao Merenptah (1213-1203 v. Chr.) eine Volksgruppe namens Israel im Bericht über einen Feldzug durch die Levante. Im 10. Jahrhundert v. Chr. entstehen die beiden Staaten Israel und Juda. Inzwischen hatte in allen Regionen außer dem Zweistromland die Buchstabenschrift die babylonische Keilschrift verdrängt. Im 9. Jahrhundert breitet Assyrien im nördlichen Zweistromland seinen Einfluss in die Länder jenseits des Euphrat aus. In verschiedenen militärischen Zusammenschlüssen versucht man an der Mittelmeerküste, die assyrische Herrschaft abzuschütteln, jedoch erfolglos. Israel wird während des 8. Jahrhunderts Stück für Stück in assyrische Provinzen umgewandelt, was bedeutet, dass seine Bevölkerung in das Zweistromland und auf das iranische Hochplateau verschleppt wird. Assyrische Soldaten und neue Siedler aus dem Osten hinterlassen ihre Spuren im Umland von Samaria. Auch Juda gerät unter assyrische Oberhoheit. Im 7. Jahrhundert beeinflusst die Kultur des Zweistromlandes Juda so sehr, dass Sie-gelschneider in Jerusalem ausländische Motive nachahmen, z.b. die Mondsichellstandarte der Stadt Haran am Euphrat (Nr. 44). Politisch durch Treueide an den König von Assyrien gebunden, vermischen sich in Jerusalem alte religiöse Überlieferungen wie die Sonnensymbolik in der Gottesvorstellung (Nr. 15, 27, 32) mit der im Zweistromland beliebten Verehrung von Mond und Sternen (Nr. 43). 614 und 612 v. Chr. erliegt Assyrien dem Ansturm der Babylonier und Meder. Die Babylonier zerstören Jerusalem 587 v. Chr. Ein großer Teil der Bevölkerung wird nach Babylon verschleppt. Dort kommt sie in noch intensiveren Kontakt mit der Kultur des Zweistromlandes. 539 v. Chr. nimmt Kyrus, der König der Meder und Perser, kampflos Babylon ein. Damit beginnt die Zeit des persischen Großreiches. Die Perser erlauben den Juden in Babylon die Rückkehr nach Jerusalem. Doch nur ein Teil kehrt tatsächlich nach Jerusalem zurück, ein Teil bleibt in Babylonien und ein anderer Teil siedelt sich später in Galiläa an. Religiöse Vorstellungen der Sumerer, Assyrer und Babylonier, z.B. die Abwehr von Dämonen, leben in Schriften jüdischer Bewegungen fort, die in Babylonien und Galiläa ihren Ursprung haben: dem Talmud und dem Neuen Testament.

Hans Ulrich Steymans,
Konservator der vorderasiatischen Abteilung

20 Anfang der Ziegen- und Schafzucht

Das schön geformte, dünnwandige (7 mm) Gefäß ist lange vor Erfindung der Töpferscheibe hergestellt, sorgfältig verstrichen und innen und außen mit einem hellroten Überzug versehen worden. Die mit brauner Farbe aufgemalten Wild- oder Hausziegen ringsum auf der Außenwand des
Gefäßes sind so stilisiert, dass ihr Körper und ihre viel zu hohen Beine eine Art Tor bilden. Die in-
tensive Beschäftigung mit diesen Tieren fällt in die Zeit der jungsteinzeitlichen (neolithischen) Revolution. Nach Hunderttausenden von Jahren des Sammler- und Jägerdaseins begannen die Menschen im Nahen Osten, das Jagen durch das Züchten von Ziegen und Schafen und das Sammeln
durch die Anfänge des Ackerbaus zu ergänzen. Seitdem sind die Kleinviehherden ein prägender
Teil der nahöstlichen Hügel- und Berglandschaften. In der Bibel sind die meist schwarzen, lang-
haarigen Ziegen ein Symbol fast dämonischer Vitalität (Hld 4,1). ok

Gebrannter Ton; Durchmesser 18,5 cm; iranisches Hochplateau nordwestlich von Teheran; 6.-5. Jt. v. Chr.; VFig 2006.2;
Schenkung von Claude und Barbara Brichet-Pfenninger, Lauenen bei Gstaad

21 «Segen der Brüste» – Jahrtausende lang ein Idol

Die hockende Frau mit schweren Schenkeln, die ihre Brüste präsentiert, ist in der Levante der älteste Typ, der sich als Darstellung eines weiblichen Wesens etabliert hat. Er ist vom 9. bis ins 6. Jahrtausend v. Chr. dominierend geblieben. Die Bemalung dürfte Körperbemalung, kaum Tätowierungen wiedergeben. Die Eliten der neolithischen Revolution waren die ersten Menschen, die es schafften, von einer wandernden zu einer sitzenden (sesshaften) Existenz überzugehen und Fettvorräte anzusetzen. Die Figuren stellen wohl eine oder *die* Ahnfrau als Idealtyp dieser Entwicklung dar. Die biblische Überlieferung feiert ihn in Eva, der «Mutter alles Lebendigen» (Gen 3,20). Das Präsentieren der Brüste bleibt bis in die persische Zeit (6.-4. Jh v. Chr.) für levantinische Göttinnen- und Frauenfiguren typisch (vgl. Nr. 36-37). Es sollte nicht nur als Hinweis auf Fruchtbarkeit (Gen 49,25), sondern auch in seiner erotischen Potenz gesehen werden (Spr 5,19f; Hld 6,8f). ok

Terrakotta; Höhe 7,6 cm; Nordsyrien; Halaf-Kultur; keramisches Neolithikum, 6400-5800 v. Chr.; VFig 1995.11; erworben mit Mitteln des Bundesamts für Kultur, Bern

22 Beterfigur: Gott schauen

Figuren dieses Typs findet man entlang des Euphrat. Ihre Verbreitung ist ein Beispiel für die Übernahme von Elementen der südmesopotamisch-sumerischen Kultur durch die Völker am oberen Euphrat und Tigris. Sie stammen vom Anfang der zweiten Hälfte des 3. Jahrtausends, die man die frühdynastische Zeit nennt, weil durch die Erfindung der Schrift erstmals Herrscher und ihre Dynastien namentlich bekannt werden. Solche Beterfiguren wurden in Tempeln aufgestellt, damit sich die Götter an die Stifter erinnern. Die dargestellte Person ist kahlköpfig und bärtig. Sie trägt einen Zottenrock. Ähnliche Statuen sind in Tempeln in Mari gefunden worden. Bei diesen erzeugen farbige Einlagen in den Vertiefungen an den Augen eine weiße Iris sowie schwarze Pupillen und Augenbrauen. Die zusammengelegten Hände (an diesem Exemplar abgebrochen) deuten möglicherweise das ruhende Verweilen in der göttlichen Gegenwart und die großen Augen die Sehnsucht nach dem Schauen der Gottheit an. Biblische Psalmen kleiden diese Haltungen in Worte: «Nur eines erbitte ich von JHWH, danach verlangt mich: im Haus JHWHs zu wohnen alle Tage meines Lebens, die Freundlichkeit JHWHs zu schauen und nachzusinnen in seinen Tempel» (Ps 27,4, vgl. 17,15; 36,10). hus

Marmor; Höhe 17 cm; Syrien; frühdynastisch III, 2500-2350 v. Chr.; VFig 2006.1.

23 Von Göttinnen geführt und beschützt

Eine Göttin geleitet einen Mann vor eine thronende Göttin. Hinter dem Mann steht eine Schutzgöttin mit zur Fürbitte erhobenen Händen. Die Beischrift auf einer Stele aus Uruk lässt erkennen,
dass Schutzgöttinnen dieses Typs auf Sumerisch Lama genannt wurden. Rollsiegel mit der Lama-
Göttin, die aus der ersten Hälfte des 2. Jahrtausends stammen, sind sogar in Bet Schean (Israel)
gefunden worden. Es handelt sich um einen auf Rollsiegeln verbreiteten Bildtyp. Gleiches gilt für
die sogenannte Einführungsszene, in der eine Gottheit einen Menschen am Arm greift und ihn
vor eine thronende und daher höhergestellte Gottheit führt. Die stehenden Lama-Göttinnen tragen
Falbelgewänder und die mehrfache Hörnerkrone, die Thronende ein einfaches Hörnerdiadem, unter dem ein Zopf über die Schulter herabfällt. In der hebräischen Bibel übernehmen Engel (Sach 3),
Serafim (Jes 6,1-7; vgl. Nr. 5) oder gerechte Menschen wie Abraham (Gen 18,23-32) oder Ijob (Ijob
42,8) die Vermittlungstätigkeit gegenüber der Gottheit. Es zeugt vom langen Fortleben dieser religiösen Vorstellung, dass noch das letzte Buch des Neuen Testaments von himmlischen Wesen
(Geister, Engel) spricht, die christliche Gemeinden vor Gottes Thron vertreten (Offb 1,4.20). hus

Lapislazuli; Höhe 2,9 cm; Südmesopotamien; Späte Akkad- bis Beginn Ur-III-Zeit, ca. 2200-2000 v. Chr.; VR 1981.64;
Schenkung Erica Peters-Schmidt

24 Lastesel, die lokalen Allrounder

Tonfiguren von Lasteseln mit übergroßen, bauchigen Lastgefäßen gehören zu den ältesten Darstellungen von Eseln aus der Levante. Sie fanden als Grabbeigaben Verwendung. Die kaum zu überschätzende wirtschaftliche Bedeutung des Lastesels ließ ihn zu einem Segenssymbol über den Tod hinaus werden. Nachdem die Menschen gelernt hatten, mit dem Pflug umzugehen, wuchs im 4. Jahrtausend v. Chr. das Bedürfnis, nicht mehr alles Erntegut mit Menschenkraft nach Hause tragen zu müssen. Der nubische Wildesel ließ sich domestizieren und mit bis zu hundert Kilogramm schweren Lasten beladen. Seither ist er als lokaler Lastenträger aus dem Vorderen Orient und besonders aus der gebirgigen Levante nicht mehr wegzudenken. Die Menschen der Säumerstadt Sichem (heute Nablus), wurden «Eselsöhne» genannt (Gen 34,2). Der Stamm Issachar wird als «Esel zwischen zwei Lasten» gepriesen (Gen 49,14). Die Gegend von Damaskus heißt in den Annalen der Assyrer «Eseltreiberland». «Esel» war für die Hebräer kein Schimpfwort, vielmehr sogar als Personenname gebräuchlich. Auch dem Esel des Feindes, so schreibt es die älteste Gesetzessammlung der Bibel vor, soll man beistehen, wenn er unter einer Überlast zusammenbricht (Ex 23,5) und nach den Zehn Geboten gehört er zur unantastbaren Habe des Nächsten (Ex 20,17). ts

Terrakotta; Länge 10,2 cm; Südlevante; 2700-2400 v. Chr.; VFig 2005.30; Schenkung von Othmar Keel mit Mitteln aus dem Benoist-Preis 2005.

25 Lastkamel, Grundlage des erfolgreichen Fernhandels

Die Tonfigur eines schreitenden Lastkamels ist bisher einzig in ihrer Art. Sie ist innen hohl. Die Ausgüsse beim Maul und bei der Glocke, die wohl am unteren Halsende angedeutet werden sollte, dienten der Opferung von Flüssigkeit, die in die amphorenförmigen Lasten eingefüllt werden konnten. Packsättel, wie der hier gemeinte, kamen erst in der Perserzeit auf. Sie werden noch heute in Indien verwendet. Die Terrakottafigur kündet vom aufblühenden Karawanenhandel in der Südlevante. Bei Gaza stieß die von Südarabien her kommende Weihrauchstraße auf die Meeresstraße, die der östlichen Mittelmeerküste entlangführte. Kannte man bis um 600 v. Chr. das erst um 1000 v. Chr. Verbreitung findende domestizierte Kamel mehrheitlich als ein Lasttier der Araber (Gen 37,25), so beteiligten sich nun auch judäische Händler am Fernhandel mit Kamelen. Dies schlägt sich auch in den jüngsten Schichten der fünf Bücher Mose nieder. Darin werden die Erzeltern als wohlhabende Besitzer von Kamelen dargestellt (Gen 24; 32,16). Den Segen des lukrativen Kamelfernhandels erhoffte man sich in der Zeit des zweiten Tempels auch für Jerusalem (Jes 60,6). ts

Terrakotta; Höhe 13,5 cm; Südlevante/Nordwestarabien; 600-400 v. Chr.; VFig 2005.22; Geschenk von Fredy und Josefine Christ-Camenisch

26 Zwei wichtige Epiphanien des Göttlichen – ein altsyrisches Relief

Das Relieffragment zeigt rechts eine große Sonnenscheibe, die einem liegenden Neumond eingefügt ist. Das Mischwesen, das links oben aus der Sonnenscheibe hervorgeht, wird von einem Stiermenschen mit einer Lanze in Schach gehalten. Vielleicht symbolisiert es die gefährliche Glut der
Sonne (vgl. Ps 19,7; 121,6). Die Verbindung von Sonnengott und Stiermensch findet sich auch im
1. Jahrtausend v. Chr. noch häufig (Nr. 42; Ez 1,7). Links unten ist die Front eines zweirädrigen Wa-
gens zu sehen, der durch sein Zugtier, den Stier, als Gefährt des Wettergottes charakterisiert ist
(vgl. Nr. 27, 36f). Oben sitzt vor einem Opfertisch mit Stierfüßen ein Mann mit Spitzkappe (?) und
kurzem Rock. Drei Tiere (Vierbeiner, Vogel, Schildkröte?) sind zwischen diese Hauptfiguren eingefügt. Im Jerusalemer Tempel wird die Überzeugung, in der Sonne, der wichtigsten Theophanie
in Ägypten, *und* im Wettersturm, der Haupttheophanie Vorderasiens, offenbare sich ein- und derselbe Gott (vgl. z. B. Ps 104), zu einer der Wurzeln des Monotheismus. ok

Basalt; Breite 61,5 cm; Nordsyrien, vielleicht Ebla (Tell Mardich); Anfang des 2. Jt. v. Chr.; VFig 1999.1; erworben mit Mitteln der Gedächtnisstiftung Peter Kaiser, Vaduz

27 Gestirnsgottheiten als Himmelskörper, der Wettergott als Mensch

Links thront eine Gottheit mit Hörnerkrone. Vor ihr kniet ein kleiner und hinter ihr steht ein großer Verehrer; letzterer trägt eine Spitzkappe und einen kurzen Schurz (vgl. Nr. 26). Er gießt ein Trankopfer in das Gefäß, das der Thronende in der linken Hand hält. Hinter dem libierenden Herrscher steht eine Schutzgöttin mit erhobenen Armen (vgl. Nr. 23). Über der Szene der Neumond mit der Sonne. In der Nebenszene setzt der Wettergott seinen Fuß auf einen ruhenden Stier. In der erhobenen Hand hält er eine Keule, in der anderen das Seil, an dem der Stier angebunden ist. Vor ihm – über dem Kopf des Stiers – steht eine nackte Göttin mit verschränkten Armen. Nr. 27 hat auffallend viele Züge mit Nr. 26 gemeinsam. Oft werden Sonnen- und Mondgottheiten in ihrer empirischen Gestalt dargestellt; der Wettergott und seine Partnerin aber menschengestaltig. ok

Rollsiegel aus Hämatit; Höhe 2,2 cm; Südostanatolien/Nordsyrien; Zeit von Kültepe Level II, ca. 1950-1836 v. Chr.; VR 1981.154; Schenkung Erica Peters-Schmidt, Kilchberg ZH

28 Das zentrale Mysterium der kanaanäischen Religion

Was auf Nr. 27 rechts außen als Nebenszene zu sehen ist, ist hier die Hauptszene. Von links schreitet der Wettergott, biblisch Baal, über die Bergeshöhen (Am 4,13; Mi 1,3). Er schwingt seine Blitz- und Donner-Waffen. Ihn erwartet rechts seine Partnerin, die auf seinem Attributtier, dem Stier, steht. Sie hebt ihr Kleid hoch, um ihn zum Beischlaf einzuladen. Von rechts strömen Männer und Frauen herbei, um bei diesem zentralen Mysterium der kanaanäischen Religion zu assistieren. Die Vereinigung soll der dürren Erde neues Leben und Fruchtbarkeit bringen. Im Buch Hosea beansprucht JHWH derjenige zu sein, der den Menschen Korn, Feigen, Wein, Öl usw. schenkt, Gaben, die Israel Baal zu verdanken glaubt (2,4-17). Ein Nachklang der lustvollen Begegnung von Gott und Göttin findet sich im späten Buch der Sprüche, wenn die personifizierte Weisheit durch ihr erotisch gefärbtes Scherzen den Schöpfergott zu kreativem Tun animiert (Spr 8,30f). ok

Hämatit; Höhe 2 cm; Nordsyrien; 1850-1720 v. Chr.; VR 1992.1; erworben mit Mitteln des Bundesamtes für Kultur, Bern

29 Wettergott und Vegetationsgöttin in Palästina

Was in Nordsyrien auf Rollsiegeln zu sehen war (Nr. 28), wurde in Kanaan (Palästina) auf Stempelsiegel-Amulette graviert. Die ovale Platte (a) zeigt auf der einen Seite den Wettergott. Statt der Waffen (Nr. 28) reckt er bloß die eine Hand triumphierend empor, in der anderen hält er eine Blüte, das Resultat seiner Aktivitäten. Ägyptische Elemente zeigen den Einfluss des großen Nachbarn (vgl. Nr. 1-2). Das Lebenszeichen (Henkelkreuz) verstärkt die positiven Kräfte des Amuletts, zwei sich aufbäumende Kobras (Uräen) halten alles Schädliche fern (vgl. Nr. 5). Auf der Rückseite der Platte geben die Verehrer ihrer Freude über die Rückkehr Baals in wilden Tänzen Ausdruck. Ihre Anordnung soll wohl einen Tanz im Kreis suggerieren. Die Partnerin des Wettergottes ist meist auf Skarabäen dargestellt und erscheint nackt zwischen Zweigen (b-c). Sie symbolisieren ihre enge Beziehung zur Vegetation. Noch in Gen 1 lässt Gott die Erde die Pflanzen hervorbringen (V. 11f) statt sie selbst zu schaffen. ok

29a Enstatit; Höhe 3,3 cm; Israel/Palästina; 1700-1600 v. Chr.; SK 1996.41; Leihgabe aus Privatbesitz **29b** Enstatit; Höhe 2 cm; Israel/Palästina; 1650-1550 v. Chr.; SK 2002.28; Leihgabe aus Privatbesitz **29c** Enstatit; Höhe 1,8 cm; Israel/Palästina; 1650-1550 v. Chr.; SK 1978.20; Leihgabe aus Privatbesitz

30 La Paloma – die Taube als Liebesbotin

Von der Göttin vom Typ der Astarte, die ihr Kleid hebt (vgl. Nr. 28), fliegen Tauben weg (a). Nebst den Tauben flankieren zwei hockende Affen, Sinnbilder erotischer Vergnügungen, die Göttin. Weitere Nebenmotive sind ein Hase und ein Horus- und Himmelsfalke. Die weiße Taube ist seit dem 3. Jahrtausend v. Chr. die Verkörperung der Liebesbereitschaft und der Liebe. Wenn es im Hohenlied von der Geliebten heißt: «Deine Blicke sind Tauben!» (1,15; 4,1; vgl. 4,9) bedeutet das soviel wie «Deine Blicke verraten deine Verliebtheit!» Noch bei der Taufe Jesu am Jordan wird das Hörerlebnis der Liebesoffenbarung Gottes: «Du bist mein geliebter Sohn!» vom Seherlebnis der herabschwebenden weißen Taube begleitet (vgl. Mk 1,10f). Die Liebesgöttin mit den zwei Tauben war sehr beliebt. Mit Hilfe eines Models konnten Bleifiguren von ihr gegossen werden (b). Die geflügelte Sonne über ihr und die geflügelte Nachtsonne (?) unter ihr verraten ihre kosmische Dimension. ok

30a Hämatit; Höhe 1,6 cm; Nordsyrien; 1850-1720 v. Chr.; VR 2001.2; erworben mit Eigenmitteln der Sammlungen
30b Serpentin; Höhe 6 cm; Anatolien, wahrscheinlich Kültepe; 1820-1740 v. Chr.; VFig 2000.5; erworben mit Mitteln der Raiffeisen-Jubiläumsstiftung 2000, St. Gallen

31 Die «Astarten des Kleinviehs»

Auch wenn das Elfenbein der säugenden Kuh (a) nur fragmentarisch erhalten ist, kommt darin doch die Sorge des Muttertiers für ihr Junges kraftvoll zum Ausdruck. Mütterliche Fruchtbarkeit und Sorge vergegenwärtigt auch das kegelförmige Siegelamulett (b), auf dessen etwas beschädigter Basis zwei säugende Wild- oder Hausziegen zu sehen sind. Sie wurden im alten Israel gelegentlich «Astarten des Kleinviehs» genannt (Dtn 7,13; 28,4.18.51). Nebst Astarte symbolisierten säugende Muttertiere auch Göttinnen wie Hathor, Ischtar oder Hera. Die Bezeichnung «Astarten des Kleinviehs» verrät die numinose Aura, die das eindrückliche Phänomen des säugenden Muttertiers auch im alten Israel noch besaß. Mit der Heiligkeit dieser Naturikone erklärt sich auch das Verbot, ein Zicklein in der Milch seiner Mutter zu kochen (Ex 23,19; 34,26; Dtn 14,21). Extensiv ausgelegt hat es im Judentum zur totalen Trennung von Milch- und Fleischküche geführt. ok

31a Elfenbein; Breite 5 cm; Libanon oder Syrien; 9.-8. Jh. v. Chr.; VFig 1998.11; erworben mit Mitteln des Rektorats der Universität Freiburg Schweiz **31b** Schwärzlicher Kalkstein; Höhe 2,1 cm; Israel/Palästina; 12.-10. Jh. v. Chr.; SK 1984.5; Leihgabe aus Privatbesitz

32 Der Sonnengott erscheint zum Gericht

Die Gestalt zwischen den Bergen ist durch die Hörnerkrone als Gottheit und durch die Strahlen aus den Schultern als Sonnengott identifiziert. Nicht immer wird er nur durch die Sonnenscheibe dargestellt (Nr. 26-27). Die zwei Begleiter, die das Himmelstor öffnen und häufig in nächster Nähe zu ihm zu finden sind (Nr. 41-42), können als Gerechtigkeit und Recht (hebräisch *zedeq u-misch-pat*) gedeutet werden. In der Sodomgeschichte (Gen 19) stellen sie als Boten des Sonnengottes fest, dass Gerechtigkeit und Recht in Sodom nicht unbelästigt übernachten können (vgl. Jes 1,9.21). Der Sonnengott, der am Morgen aus den Bergen hervortritt, um wie ein Held seine Bahn zu laufen (Ps 19,6), zerstört die Stadt deshalb mit Feuer und Schwefel. Nicht nur die Sodomgeschichte, auch der nach Osten ausgerichtete Tempel von Jerusalem (Ez 8,16) galt ursprünglich dem Sonnengott. Tempel und Sodomgeschichte sind im Zug der Entstehung des Eingottglaubens auf JHWH übertragen worden. ok

Serpentin; Höhe 3,7cm; Mesopotamien; ca. 2350-2200 v. Chr.; VR 2002.1; Schenkung Karl-Gerd Kluitmann, Mühlheim-Ruhr D

33 «Sonne der Gerechtigkeit, gehe auf in unserer Zeit»

Die Stempelabdrücke auf den Henkeln großer Vorratskrüge stammen von den Beamten des judäischen Königs Hiskija, der um 700 v. Chr. in Jerusalem regierte. Die Inschrift über der geflügelten Scheibe heißt *la-melek* «dem König (gehörig)», die Inschrift darunter lautet einmal *(mm)scht*,
ein sonst unbekannter Ort, einmal *chebron* «Hebron», zwei der vier Orte, wo solche Krüge mit Öl,
Wein oder Getreide gefüllt wurden. Erstaunlicher als diese Inschriften ist das uralte, ursprünglich ägyptische Symbol der geflügelten (und geschwänzten) Sonnenscheibe, die hier höchst wahrscheinlich den im Königreich Juda schon damals fast ausschließlich verehrten Gott, JHWH, repräsentiert. Im Schatten seiner Flügel suchen die Psalmisten Schutz (Ps 61,5; vgl. Nr. 16). Die geflügelte Sonne hat der Prophet Maleachi vor Augen, wenn er JHWH sagen läßt: «Für euch aber, die
ihr meinen Namen fürchtet, wird die Sonne der Gerechtigkeit aufgehen; Heilung in ihren Flügeln»
(3,20; vgl. weiter Nr. 65). ok

Gebrannter Ton; Breite des Abdrucks 3,3 cm; Juda; um 700 v. Chr.; VS 1995.2 und 2002.6; erworben mit eigenen Mitteln
der Sammlungen

34 Salomons Tempel, ein virtuelles Weltkulturerbe

Da Ausgrabungen unter dem Felsendom, dem zweitheiligsten Pilgerort für Muslime in aller Welt, undenkbar sind, bleiben für die Rekonstruktion von Salomons Tempel die Beschreibungen im ersten Königsbuch (1Kön 6-7) noch immer die wichtigste Quelle. Dieser zufolge handelte es sich um ein Gebäude mit Vorhalle, Halle und Allerheiligstem, in dem der leere Kerubenthron (Nr. 35) stand. In der Halle befanden sich die Leuchter, der Schaubrottisch und der Räucheraltar. Vor dem Eingang standen die beiden großen Säulen, Jachin und Boas, im Vorhof das eherne Meer (vgl. Nr. 1, 37) und die Kesselwagen als Symbole der gebändigten Chaosflut, sowie der Brandopferaltar. Dieser ist im Modell nach den Angaben Ezechiels rekonstruiert, der ebenfalls einen Tempelplan überliefert hat (Ez 40-42), und zwar für den in Jerusalem neu zu erbauenden Tempel. Gerade weil vom vorherodianischen jüdischen Tempel jede archäologische Spur fehlt, haben die biblischen Tempelbeschreibungen die Phantasie der Architekten von Kirchen und Freimaurerlogen und jene der Bibelforscher immer wieder zu neuen Nachbauversuchen angeregt, die immer bis zu einem gewissen Grade die eigene Zeit widerspiegeln. ts

Modell im Maßstab 1:50; erbaut 2002-2003 von Martin E. Hunsche (Zürich), nach Anweisungen der Alttestamentler Prof. W. Zwickel (Mainz) und Prof. Othmar Keel (Freiburg Schweiz); Mod 2003.1

35 Der Herr der Kerubim

Kerubim sind Mischwesen mit Menschenkopf, Löwenkörper und großen Flügeln. Sie galten als äußerst gefährlich und waren daher furchterregend. Wer sie – wie der Held auf dem assyrischen Rollsiegel – bändigen und in seine Dienste stellen konnte, musste ein noch mächtigeres Wesen sein. Könige ließen deshalb sich und ihr Reich, das als Baum symbolisiert werden konnte, gerne als von Keruben bewacht darstellen (vgl. 1Kön 6,29). Nach biblischer Vorstellung wurde auch der Garten Eden mit dem Lebensbaum in seiner Mitte durch Kerubim bewacht (Gen 3,24). Im Allerheiligsten des Tempels von Jerusalem stand ein leerer Kerubenthron, für den nicht darstellbaren Gott JHWH (vgl. Nr. 34). Er trug unter anderem den Titel «Kerubenthroner» (Ps 99,1). Über den Kerubim erwartete man in Jerusalem mit seinen uralten Sonnenkulttraditionen (vgl. Nr. 32, 42) das Erscheinen Gottes, in Gestalt der Sonne, für die solch leere Throne gedacht waren. In diesem Sinne ist wohl auch das Gebet um Hilfe in Ps 80,2-4 zu verstehen: «Der du auf den Kerubim thronst, erscheine!...Lass dein Angesicht leuchten, dann ist uns geholfen!» ts

Rosenquarz; Höhe 3,3 cm; Nordirak; Ende 8. Jh. v. Chr.; VR 1981.108; Schenkung von Erica Peters-Schmidt, Kilchberg ZH

36 Geheimnisvolle Frauenfigur aus Juda

Die Figur besteht aus einem säulenartigen, von Hand geformten Unterteil und zwei ebenfalls von Hand geformten Armen, die zwei stattliche Brüste präsentieren, ein für levantinische Frauen- und Göttinnenfiguren seit Urzeiten typischer Gestus (vgl. Nr. 21). Der Kopf ist im Gegensatz zu diesen Teilen aus einem Model gepresst und viel detailreicher. Das freundliche jugendliche Gesicht mit den mandelförmigen Augen umrahmt eine Löckchenfrisur. Bei manchen Exemplaren sind Spuren roter, schwarzer und weißer Farbe erhalten. Da der Kopf nachträglich auf den Säulenrumpf aufgesetzt wurde, ist der Hals oft etwas dick geraten. Spuren gelber Farbe deuten goldene Halsketten an. Das ganze Bild bringt stolze, erotisch gefärbte Weiblichkeit zum Ausdruck. In fast jedem judäischen Haus des 8. und 7. Jahrhunderts v. Chr. ist eine solche Figur gefunden worden. Sie dürfte jungen Frauen zur Hochzeit geschenkt worden sein, um ihre Weiblichkeit zu stärken (vgl. Nr. 61). ok

Gebrannter Ton, Spuren von Bemalung; Höhe 16 cm; Juda; ca. 750-620 v. Chr.; VFig 1998.3; erworben mit Mitteln des Bundesamtes für Kultur, Bern

37 Ganz allein war JHWH nicht

Viel häufiger als ganze Säulenfiguren werden stark beschädigte oder nur ihr Kopf oder ihr Rumpf gefunden. Allein in wissenschaftlichen Ausgrabungen sind in Juda und gelegentlich außerhalb über Tausend davon aufgetaucht. Fragt man, welche Gottheit diese Miniaturkultbilder dargestellt haben könnten, kommt dafür nur ein Name in Frage. An über 40 Stellen wird im Alten Testament polemisch eine Göttin namens Aschera genannt, die sich bis zur Reform des Königs Joschija 622 v. Chr. offensichtlich großer Beliebtheit erfreute. Seit 1975 sind Inschriften aus der Zeit um 800 v. Chr bekannt, die «JHWH und seine Aschera» nennen. Verschiedene Bibelstellen berichten von einem anthropomorphen Kultbild der Aschera im Tempel von Jerusalem. Speziell beauftragte Frauen woben für dieses Schleier oder Baldachine (2Kön 21,7; 23,6f). Die Säulenfiguren waren wohl Kopien dieses Kultbilds. Ein strenger Eingottglaube auf Kosten der Göttin hat sich in Jerusalem und Juda erst am Ende des 7. Jahrhunderts v. Chr. durchgesetzt. ok

Gebrannter Ton; Juda; ca. 750-620 v. Chr. **37a** Höhe 5,3 cm; VFig 2003.12; erworben mit Mitteln der Postkartenaktion 2002; **37b** Spuren von Bemalung; Höhe 16,4 cm; VFig 1998.4; erworben mit Mitteln des Bundesamtes für Kultur, Bern **37c** Höhe 18,3 cm; VFig 2006.5; Schenkung von Franz und Martha Arnold-Lienhardt, Luzern **37d** Höhe 5,3 cm; VFig 1998.6; erworben mit Mitteln des Bundesamtes für Kultur, Bern; **37e** Höhe 6,8 cm; VFig 2002.11; Schenkung von Ruth und Niklaus Bühler, Marly

38 Der Stier als Bild JHWHs

Gefäße in Form eines Stiers mit einer Eingussöffnung im Nacken bzw. auf dem Rücken wurden in der Spätbronzezeit in Zypern (a, vorne), von wo sie nach Israel importiert wurden, und in der Eisenzeit auch in Israel hergestellt (b, hinten). Durch die Schnauze konnte die Flüssigkeit (Wasser, Wein, Öl) ausgegossen werden. Mit dem Gefäss wurden Trankspenden (Libationen) für einen Gott dargebracht (vgl. Nr. 27), dem der Stier etwas bedeutete. In 2Kön 12,26-33 wird erzählt, im Nordreich Israel, in Bet-El und in Dan, sei JHWH von ca. 920-620 v. Chr. in Gestalt eines Stiers verehrt worden. Dem «Stier Jakobs» (Gen 49,24) rühmte man nach, er habe Israel mit den Hörnern, mit der Kraft eines Wildstiers aus Ägypten geführt (Num 23,22). Die berühmte Geschichte vom «Goldenen Kalb» (Ex 32) behauptet in ihrer späten, uns vorliegenden Form, Mose habe diesen Kult schon am Sinai verdammt. An Stelle des Stiergottes zum Anfassen, solle Israel einen bildlich nicht darstellbaren Gott verehren, der nur durch Wort und Schrift (Tafeln mit den Zehn Geboten) zugänglich ist (vgl. Dtn 4). ok

38a Gebrannter Ton mit weißer Bemalung; Länge 12,7 cm; Zypern; 13. Jh. v. Chr.; VFig 2005.7; Schenkung des Diogenes Verlags, Zürich **38b** Gebrannter Ton; Länge 19 cm; zentralpalästinisches Bergland; 9.-8. Jh. v. Chr.; VFig 2005.20; Schenkung von Thomas und Monica Baer, Erlenbach ZH

39 Stiere im Tempel von Jerusalem

Auf einem liegenden Stier steht in einer kugelverzierten Nische der Wettergott Hadad (kanaanäisch Baal). Er hält in jeder Hand drei Blitze. Vor ihm steht ein Beter, hinter diesem ein Skorpionmensch, der den Himmel trägt; neben ihm sind die Symbole Marduks und Nabus zu sehen, der Hauptgottheiten Babylons. Im Kult von Jerusalem wurde das «Eherne Meer» (vgl. Nr. 1) von liegenden Stieren getragen. Sie verkörperten vielleicht den Sturm- und Wettergott-Aspekt JHWHs. Der judäische König Ahas, der am Ende des 8. Jahrhunderts v. Chr. mit dem Nordreich Israel im Streit lag, ließ diese Stierbilder entfernen (2Kön 16,17). Vielleicht wollte er die Verschiedenheit des Kultes von Jerusalem, bei dem die Sonnengottsymbolik im Vordergrund stand (Nr. 32-33), von dem von Bet-El mit seinem Stierbild (Nr. 38) betonen. Das grundsätzliche Verbot, Gott in einem Bild zu verehren, wurde erst im 7. Jahrhundert v. Chr. formuliert und nach dem babylonischen Exil im 2. Tempel durchgesetzt. In der Bilderwelt Pablo Picassos sind erotische Frauen (vgl. Nr. 36-37) und Stiere (Nr. 38-39) wieder zentrale Motive. ok

Achat; Höhe 2 cm; Assyrien; um 700 v. Chr.; VR 1981.109; Schenkung Erica Peters-Schmidt, Kilchberg ZH

40 Ein Bronzekessel für Reinigungsriten

Der Kessel hat eine zylindrische, sich nach oben etwas verjüngende Form. Der Henkel ruht in vogelgestaltigen Ösen. Die Außenseite des Kessels ist durch Flechtbänder in drei Register eingeteilt. Im obersten Register zeigt eine Ritzzeichnung (siehe Umzeichnung) den assyrischen König, der von seinem Wagen gestiegen ist und einen Zug von Höflingen und Tributbringern empfängt, deren Gaben durch vier Pferde repräsentiert werden. Diese waren für die gefürchtete assyrische Kriegsmaschinerie von vitaler Bedeutung (vgl. Jes 5,28). Der Kessel wurde vielleicht zum Dank für Sieg und Tribut in einen Tempel gestiftet. Assyrische und assyrisierende Darstellungen zeigen häufig Schutzgeister oder Menschen, die Kessel wie den vorliegenden in der Hand halten (Nr. 41-42). Sie waren wohl mit Weihwasser gefüllt und dienten zu kultischen Handlungen, deren exakte Bedeutung unklar bleibt. In der Bibel dient die Besprengung mit Wasser der Reinigung des Kultpersonals (Num 8,7), solcher, die mit Toten in Berührung gekommen sind (19,13) oder des verstockten Volkes (Ez 36,25). Die Kessel ähneln in ihrer Form und Größe den Weihwasserkesseln der christlichen Liturgie, die vielleicht über das persische und byzantinische Königszeremoniell auf assyrische Kulte zurückgeführt werden können. hus

Bronze; Höhe mit Henkel 15 cm; Assyrien; 9.-8. Jh v. Chr.; VFig 2001.7; Schenkung Bluette Nordmann, Freiburg Schweiz

41 Ritueller Lobpreis der gerechten Weltordnung

Die Mitte der dichten Komposition des Rollsiegels bildet ein relativ kleiner, stark stilisierter Heiliger Baum, darüber, gestützt von zwei Mischwesen (vgl. Nr. 35) eine geflügelte Sonne. Über ihr sieht man den Oberkörper des personifizierten Sonnengottes, flankiert von seinen Dienern «Recht» und «Gerechtigkeit» (vgl. Nr. 32, 33). Die Szene wird links durch einen Beter, rechts durch einen geflügelten Schutzgeist umrahmt, der seinerseits von einem liegenden Kerub (vgl. Nr. 35) beschützt wird. Der Schutzgeist hält in der erhobenen Rechten einen ovalen Gegenstand, in der gesenkten Linken einen Kessel (Nr. 40). Eine mögliche Deutung bringt den Baum mit der Göttin Ischtar in Verbindung und glaubt, dass der Baum mit Weihwasser besprengt wird, um den Segen, den Schutz und die Fruchtbarkeit, die von der Göttin ausgehen sollen, zu erhöhen. Das Siegelbild zeigt das Ineinander von diesseitiger und jenseitiger Welt beim Gebet. Den Beter, das Baumgebilde, die Sonnenscheibe, die Mondsichel, die Sterne und den Doppelgriffel des Schreibergottes Nabû vor dem Beter konnte man tatsächlich sehen. Doch die Mischwesen und Schutzgeister sowie die Köpfe und Oberkörper der Götter gehören einer geistlichen Welt an. Von der geistlichen, dem leiblichen Auge unsichtbaren Welt zeugt auch die Bibel, wenn ihr Gott verspricht, dass die Sonne der Gerechtigkeit Menschen mit ihren Flügeln Heilung bringt (Mal 3,20) oder der heilige Gott sich einen Baum, nämlich einen grünenden Wacholder, nennt (Hos 14,9). hus

Achat; Höhe 1,85 cm; Assyrien; 7. Jh. v. Chr.; VR 1981.111; Schenkung Erica Peters-Schmidt, Kilchberg ZH

42 Das Bild des Sonnengottes – Vorbild der Vision Ezechiels

Dieses Rollsiegel benützt das gleiche Kompositionsschema wie Nr. 41. Die Gottheit in der geflügelten Scheibe ist wie bei Nr. 41 von Recht und Gerechtigkeit flankiert (vgl. Nr. 32). Sie ist auf diesem Siegel in ungewöhnlicher Weise nicht nur durch ihre Büste, sondern mit ihrer ganzen menschlichen Gestalt wiedergegeben. Diese steht auf einem Pferd. Das Pferd war das Tier des Sonnengottes. Die Gestalt ist so durch dieses und die geflügelte Scheibe doppelt als Sonnengott charakterisiert. Während der Zeit der assyrischen Oberherrschaft wurden die Pferde des Sonnengottes auch im Tempel von Jerusalem verehrt (2Kön 23,11). Statt der Skorpionmenschen von Nr. 41 tragen hier Stiermenschen die Himmelsfeste. Das ist auch in der berühmten Vision der Fall, die das Buch Ezechiel eröffnet (vgl. Ez 1,7). Die Vision benützt das vorliegende Schema als Vorlage. In der Vision wird JHWH aber weder mit den Himmelsflügeln noch mit der Sonne gleichgesetzt, sondern thront hoch über beiden. Er ist so den Deportierten in Babylon ebenso nahe wie den in Jerusalem Zurückgebliebenen. Ein Beter (rechts) und ein Priester im Fischgewand (links) mit dem «Weihwasserkessel» (vgl. Nr. 40) erhalten die heile Welt durch Riten und Gebet. Links vom Sonnengott ist der achtstrahlige Stern der Ischtar zu sehen. Ihr begegnen wir auf Nr. 43. hus

Halbopal; Assyrien; 669-629 v. Chr.; VR 1981.110; Schenkung Erica Peters-Schmidt, Kilchberg ZH

43 Die Himmelskönigin

Das Rollsiegel zeigt links eine Göttin im Strahlenkranz. Die Strahlen enden in kugelförmigen Sternen. Die Göttin dürfte die wichtigste mesopotamische Göttin, Ischtar, darstellen. Sie wird häufig durch einen achtstrahligen Stern vergegenwärtigt (vgl. Nr. 42), der sich auch hier zwischen Flügelsonne und Neumond am oberen Bildrand befindet. Die Göttin erscheint so auf dem Siegel einmal menschen-, einmal astralgestaltig. Normalerweise wird die menschengestaltige Göttin zusammen mit *einem* männlichen Verehrer dargestellt. Hier erscheinen vor ihr aber ein Mann, ein Knabe, ein Mädchen und eine Frau. In Assyrien war das nicht üblich. Möglicherweise stammte der Auftraggeber des Siegels aus Assyriens südöstlichem Nachbarland Elam. Die Familie erinnert an zwei Texte im Jeremiabuch, wo Vater, Mutter und Kinder geschildert werden, die sich am Kult der Himmelskönigin beteiligen (Jer 7, 18; 44,17-19.23.25). Die Stellen meinen mit «Himmelskönigin» kaum die Ischtar des Zweistromlandes, sondern eine am Mittelmeer verehrte weibliche Himmelsmacht, die Züge ägyptischer, judäischer (Aschera) und mesopotamischer Göttinnen in sich vereinigte. In Anlehnung an die sternenbekränzte Frau in Offb 12,1 ist Maria besonders in der Barockzeit gern als Himmelkönigin dargestellt worden. hus

Marmor; Höhe 1,94 cm; östliches Grenzgebiet Assyriens oder Elam; 8. Jh. v. Chr.; VR 1993.11; Schenkung Monica Widmer, Luzern

44 Der Mond, Kämpfer für Licht und Recht

Die Sichel des Neumondes ist auf den altorientalischen Bildwerken fast allgegenwärtig (vgl. Nr. 8, 13, 26, 27). Die Faszination ging nicht wie in der deutschen Romantik vom milden Schein des Vollmondes aus, sondern von der unbezwingbaren Durchsetzungskraft des zyklisch erscheinenden Gestirns gegen die Mächte der Finsternis in einer Welt ohne Kunstlicht. Daher assoziierte man die Sichel des Mondes mit den Hörnern des Stiers. Der «Stier des Himmels» galt als Garant des Rechts, insbesondere bei Vertragsschlüssen. Vor ihrer militärischen Westexpansion holten die Assyrer beim berühmten Mondgott von Harran in Nordsyrien ein beglaubigendes Orakel ein. Als die Kolonialisierung der östlichen Mittelmeerküste erfolgreich verlief, propagierten sie mit billigen Rollsiegeln überall das Sichelmondemblem von Harran (c-d), das ältere Mondgottdarstellungen, die diesen menschengestaltig (a) oder im Mondboot (b) zeigten, verdrängte. Gleichzeitig erlebten alte Mondkulte der Levante ein Comeback. Da zeigte man den Mond, propagiert auf Stempelsiegeln, als Himmelsphänomen unter anderen Gestirnen (e), als vermenschlichte Gestalt (f), als Gottheit im sichelmondförmigen Boot (g) und auch als Sichelmondstandarte wie in Mesopotamien (h). Im Neumondfest der Juden und in der Mondsichel auf den Minaretten lebt die altorientalische Begeisterung für den Mond bis heute fort. ts

44a Muschelkalk; Höhe 1,7 cm; Mittelmesopotamien; Frühdynastisch IIIb, ca. 2500-2340 v. Chr.; VR 1991.7 **44b** Kalkstein; Höhe 3,4 cm; Assyrien; Neuassyrisch, 8. Jh. v. Chr.; VR 1992.17 **44c** Kompositmaterial mit Türkisglasur; Höhe 2,26 cm; Assyrien; Neuassyrisch, 8./7. Jh. v. Chr.; VR 1996.3 **44d** Glasiertes Kompositmaterial; Höhe 2,32 cm; wahrscheinlich aus Palästina/Israel; 7. Jh. v. Chr.; VR 1995.26 **44e** Gebänderter Achat; Länge 2,09 cm; Nordsyrien, Samal (?); um 800 v. Chr.; VS 1997.3 **44f** Kalkstein; Länge 1,8 cm; aus Edom (?); 8./7. Jh. v. Chr.; SK 1977.16; Leihgabe aus Privatbesitz **44g** Kalkstein; Länge 1,75 cm; Palästina/Israel; 8./7. Jh. v. Chr.; SK 1983.3; Leihgabe aus Privatbesitz **44h** Kalkstein; Länge 1,82 cm; Palästina/Israel; 8./7. Jh. v. Chr.; VS 2002.2; eigene Objekte erworben aus Eigenmitteln der Sammlungen und mit Hilfe des Prägefonds des Bundesamtes für Kultur

45 Namenssiegel, Zeichen der Alphabetisierung

Siegelamulette gehörten zum persönlichsten Besitz eines Menschen (Hld 8,6; vgl. Gen 38,18): «Leg mich wie ein Siegel auf dein Herz, wie ein Siegel an deinen Arm!» Mit zunehmender Ausbreitung der Schriftlichkeit in der Levante wird diesem Aspekt dadurch Rechnung getragen, dass nun neben den das Böse vertreibenden (Löwe, a) oder das Gute beschwörenden Zeichen (Baum, Paar, Mond und Sterne, b-c) in nordwestsemitischer Alphabetschrift auch noch der Name der Besitzerin oder des Besitzers auf dem Siegel erscheint: 'Ala (a); Gad (b); Jila (c). In der Zeit Jeremias und Ezechiels wird die Nennung des Namens und des Vaternamens klassisch: Achi'ummihu ben 'Alajahu (d). Dazu können nach wie vor Segenszeichen, speziell aus dem Motivschatz des Tempels, treten, wie der stark stilisierte Palmettbaum auf der Rückseite von Siegel (d). Oftmals sind aber nur noch die Namen zu lesen, speziell in Beamtenkreisen von Jerusalem. Gleichzeitig setzt sich am Tempel von Jerusalem eine Theologie durch, die das Aufstellen von Gottesbildnissen wie jenem der Aschera verbietet und stattdessen davon spricht, dass JHWH dort (wie auf einem Siegel) seinen Namen anbringt (Dtn 12,5). Noch im Vater unser heißt es: «Geheiligt werde dein Name.» ts

Südlevante; 8./7. Jh. v. Chr. **45a** Gebänderter Achat; Länge 1,85 cm;VS 1981.127; Schenkung Erica Peters-Schmidt, Kilchberg ZH **45b** Kalkstein; Länge 2,88 cm; VS 1998.7; erworben mit Mitteln des Departementes für Biblische Studien **45c** Kalkstein; Länge 2,18 cm; SK 1978.19; private Leihgabe **45d** Kalkstein; Länge 1,73 cm; Bet Schemesch (Juda); 7. Jh. v. Chr.; Dauerleihgabe von Sibylle Mähner

46 Das Schwein, ein Symbol der Unreinheit

Wildschweine waren in den sumpfigen Gegenden des Vorderen Orients weit verbreitet. In den Großdörfern der Kupfersteinzeit begann man sie zu domestizieren. Sie bewegten sich auf der Suche nach Abfall wie die Hunde frei in den Gassen und Hinterhöfen der Städte. Das war auch der Aufenthaltsort der haus- und familienlosen Prostituierten. «Der Staub der Straßenkreuzung sei deine Bleibe», heißt es in den Flüchen Enkidus über die Dirne Schamchat. Die Terrakottaplakette zeigt ein Schwein, das sich an den Fäkalien eines nackten Menschen zu schaffen macht. Ein ähnliches Exemplar zeigt zusätzlich einen Hund und den sich erleichternden Menschen beim Lautenspiel. Vielleicht ist damit Kurgarru, ein männlicher Prostituierter und Possenreißer gemeint, eine Art babylonischer Til Eulenspiegel. Von den Tempeln wurde das Schwein im Orient, anders als in Griechenland, wegen seiner sichtlichen Unreinheit ferngehalten. Als Nachbarn der aus der Ägäis stammenden Philister, die auch Schweine hielten, versuchten die israelitischen Priester die Unreinheit des Schweins quasi naturwissenschaftlich zu begründen, indem sie nur Tiere für rein erklärten, die wiederkäuen und durchgespaltene Klauen haben (Lev 11,7). Als die mazedonischen Eroberer des Orients von den Juden im 2. Jahrhundert v. Chr. verlangten, auf ihren Altären Schweinefleisch zu opfern, war das für die Rechtgläubigen ein «Gräuel der Verwüstung» (Dan 8,13; 9,27 etc.). Der konsequente Verzicht auf Schweinefleisch erhielt fortan auch eine bekenntnishafte Bedeutung im Judentum und später auch im Islam. ts

Terrakotta; Höhe 8,7 cm; Südmesopotamien; altbabylonisch, 18.-16. Jh. v. Chr.; VFig 2002.6; Schenkung Silvia Schroer und Thomas Staubli, Liebefeld BE

47 Darbringung eines Sühnezickleins

Ein bärtiger Mann mit Breitrandkappe im To-
gagewand, das die rechte Schulter frei lässt,
hält vor der Brust eine Ziege. Darstellungen
von Männern, die eine Ziege tragen, findet
man auf unterschiedlichen Bildträgern, so
auch auf einer Terrakottaplakette der Sammlungen BIBEL+ORIENT. Oft wird das Motiv
als Verehrer mit Opfertier bezeichnet. Eine al-
ternative Erklärung gibt der sumerische Ausdruck Maschhuldubba, «Ziege, die das Böse
wegstösst». Aus mesopotamischen Texten
wird deutlich, dass diese Ziege nicht als Opfertier dient, sondern ähnlich einem Blitzablei-
ter böse Einflüsse aus einem Gebäude oder aus
einem Kranken auf- und fortnimmt. Manchmal
werden die Tiere mit Göttern gleichgesetzt, die
wohl entweder helfen, das Böse fortzuschaffen
oder deren strafender Zorn fortgeschafft werden soll. So erscheint es sinnvoll, wenn Rollsiegel den Träger der Ziege vor einem Gott und
neben Opfern zeigen. Zusammen mit einem
Opfer, selbst jedoch kein Opfer, sondern ebenfalls ein Ableiter des Bösen, kommt der Zie-
genbock im Ritual des Versöhnungstags in der
Bibel vor (Lev 16,21-22). Nachdem ein anderer Bock geopfert worden ist, werden auf den
Sündenbock die Sünden Israels geladen und
er trägt sie fort in die Wüste zum Dämon Asa-
sel. hus

Kupferarsen; Höhe mit Sockel 7,1 cm; Babylonien; 17. Jh.
v. Chr.; VFig 2000.3; Schenkung der Gedächtnisstiftung
Peter Kaiser, Vaduz

48 Ein Chaoskampfmotiv: Ninurta kämpft gegen Anzu

Ein Bogenschütze im Laufschritt mit Köcher und langem, gefranstem Schlitzrock zielt auf ein Mischwesen mit Löwenkopf, Löwenleib, Flügeln, Federschwanz und Vogelfüssen. Hinter der Szene steht ein Verehrer. Ein Fisch, die Flügelsonne und die Mondsichel füllen das Siegel aus. Das Siegel veranschaulicht eine Szene aus einem Mythos des Zweistromlands. Das Mischwesen aus Löwe und Vogel dürfte den Anzu abbilden, einen gewaltigen Vogel, der vom Gott Ninurta mit Pfeilschüssen getötet wurde. Der kriegerische Gott Ninurta und die Geschichte von seinem Sieg über das Monster waren in Assyrien beliebt. Es lässt auf den Charakter des Beters und des Siegelbesitzers schliessen, mit solch einer heldenhaften Szene zu zeichnen. In der Bibel erscheinen die Monster, gegen die Gott kämpft, nicht als Vogel, sondern als Schlange oder Seeungeheuer (Ijob 26,12; Ps 74,14; 89,11; Jes 27,1; 51,8). Der Grundgedanke ist in den biblischen Anspielungen und im mesopotamischen Mythos jedoch derselbe. Es geht um die Abwehr des Chaos, darum, die kosmische Ordnung zu bewahren. Das Chaos ist das Monster. Ninurta muss den Anzu nämlich deshalb besiegen, weil dieser die «Me» gestohlen hat, die göttlichen Stabilisatoren der Weltordnung. Damit droht das Chaos die Herrschaft zu übernehmen, was der Gott verhindern muss. hus

Halbopal; Höhe 2,65 cm; Assyrien; 8.-7. Jh. v. Chr.; VR 1981.252; Schenkung Erica Peters-Schmidt, Kilchberg ZH

49 Tonzylinder mit einer Bauinschrift von König Nebukadnezar II.

Solche Gründungszylinder befanden sich in Fundamenten und Mauern wichtiger Gebäude. Die Inschrift des Königs Nebukadnezar II. (605-562 v. Chr.) stammt aus dem Tempel der Muttergöttin Ninmah in Babylon. Ihr Text ist ein schriftliches Gebet, eine Art Rechtfertigung des Königs vor den Göttern. Ein guter König sorgt dafür, dass die Tempel der Götter in gutem Zustand sind. Die Inschrift lautet:

Ich Nebukadnezar, König von Babylon, Sohn Nabupolassars, Königs von Babylon, habe das E-mah, das Haus der Ninmah in Babylon, für Ninmah, die erhabene Fürstin in Babylon, neu erbaut. Mit einer starken Mauer aus Asphalt und gebrannten Ziegeln habe ich es umgeben. Reine Erde von draussen habe ich in sein Inneres gefüllt. Ninmah, erbarmungsvolle Mutter, blicke freudig! Gutes für mich liege auf deinen Lippen! Breite meinen Samen aus! Vergrößere meine Nachkommenschaft! Inmitten meiner Nachkommenschaft lass meinen Nachwuchs wohlbehalten gedeihen.

König Nebukadnezar II. belagerte 597/6 und 587/6 Jerusalem (2Kön 24-25; Jer 24,1). Sein zweiter Angriff endete in der Zerstörung von Stadt und Tempel. Nicht einmal 30 Jahre nach Nebukadnezars Tod, 539 v. Chr., ging die Herrschaft über Babylon und Vorderasien an die Perser über. hus

Gebrannter Ton; Länge 10 cm; Babylon, E-mah; 6. Jh. v. Chr.; VT 1981.5; Schenkung Erica Peters-Schmidt, Kilchberg ZH

69

50 «So spricht Parnakka» – Eine Lohnzusage der persischen Verwaltung

Diese Tontafel aus der Zeit der persischen Vorherrschaft über den Orient (Esra 1,1-2,7) ist in mehrfacher Hinsicht besonders interessant. Erstens ist sie ein Zeugnis der Mehrsprachigkeit des Reiches. Der Brieftext wurde in elamischer Keilschrift geschrieben, der Name auf dem Siegel jedoch in aramäischer Alphabetschrift, der Verwaltungssprache des Perserreiches, die noch die Muttersprache des Jesus von Nazaret war. Zweitens ist der Siegelinhaber Parnakka, ein hoher Verwaltungsbeamter in Persepolis, ein Onkel von Darius I. (521-486). Drittens verdeutlicht diese Wirtschaftsurkunde das altorientalische Briefformular und kündet von einer Kultur, für die das Wesentliche mündlich, nicht schriftlich geschah. Die Urkunde ist als Botschaft formuliert, die gesprochen werden sollte. Trotzdem konnte der Schreiber Kamezza den Befehl erst aktenkundig machen, wenn eine Zweitschrift die Richtigkeit bestätigte. Der Text lautet:

Sage zu Harrena, dem Herrn der Herde:

So spricht Parnakka: Der genannte NN, Goldschmied in Persepolis, erhalte für sich 6 Schafe als Ration für die Monate Turnar, Sakarzisch, Karmabatasch, Turnabazisch, Karbaschschisch, Bagiatisch. Während 6 Monaten des 18. Jahres (des Königs Darius), jeden Monat, soll er ein Schaf erhalten.

Kamezza hat (diese Botschaft) aufgezeichnet, nachdem er die Zweitschrift von Maraza erhalten hatte. hus

Ton; Höhe ca. 15 cm; Persepolis; 18. Jahr des Darius = 504/3 v. Chr.; VT 1981.6, Rückseite; Schenkung Erica Peters-Schmidt, Kilchberg ZH

Griechenland

Griechenland, Rom, Byzanz und der Vordere Orient

Nach Jahrhunderten der Vorherrschaft östlicher Reiche – Assyrer, Babylonier, Meder, Perser – über die Völker zwischen Nil und Eufrat, wendete sich das Blatt und die Mazedonen eroberten, auf Pferden reitend, mit Ungestüm den gesamten Orient (Nr. 54). Die Folgen waren für die Orientalen schockierend und faszinierend zugleich: Straßen wurden gebaut, Sümpfe trocken gelegt, Städte gegründet, wo es früher keine gab, Land konfisziert und neu verpachtet, alte Gottheiten bekamen neue Namen und neue Kleider. Dabei gab es Gewinner und Verlierer. Während erstere den neuen Lebensstil, den Hellenismus, förderten, wo sie nur konnten, formierten sich letztere in Protestbewegungen.

Die Münzen der Hellenisten und Römerfreunde...

Kein Medium widerspiegelt die Welt der Hellenisten und ihrer Gegner besser als die Münzen. Die Perser hatten sie als Zahlungsmittel eingeführt. Ihre Prägungen knüpften an traditionelle altorientalische Herrscherdarstellungen an: Der König als oberster Diener Gottes in reichem Ornat und als Kämpfer gegen das Übel. Die hellenistischen Herrscher in Syrien und Ägypten hingegen feierten sich selber als Inkarnation des Göttlichen und prägten wie ihre späteren römischen Nacheiferer (Nr. 55) naturalistische Porträts (Nr. 55). Die archäologischen Ausgrabungen in Jerusalem zeigen eindrücklich, wie die hier lebende Oberschicht keinen Aufwand scheute, um die neue Lebensart zu adaptieren: Täler wurden aufgeschüttet, Stadtmauern und Straßen begradigt, eine Tempelplattform, Treppen, Foren und Bäder errichtet um eine moderne Stadt zu erhalten. Die führenden Familien ließen sich in Gräbern nach griechischem Vorbild bestatten. Sie tranken teuren Importwein, schickten ihre Kinder aufs Gymnasium und trieben Sport. Ihre Münzbilder nehmen Rücksicht auf die Sensibilitäten der frommen, traditionelleren Kreise und zeigen weder Menschen noch Tiere, spielen aber mit hellenistischen Symbolen wie dem Anker oder der Dioskurenmütze.

...und ihrer Gegner

Um sich dem wirtschaftlichen Druck der mit den Kolonialherren verbündeten Oberschicht zu entwinden, prägt die ausgebeutete jüdische Landbevölkerung unter der Führung zelotischer Kämpfer eigenes Geld - erstmals in Silberprägungen zur Demonstration ihrer (allzu kurzen) politischen und religiösen Freiheit. Dieses zeigt den Tempel oder Symbole wie Traube und Leier, die auf den Gottesdienst verweisen (Nr. 57-58).

Die christlichen Kaiser in Byzanz knüpfen zwar an die griechisch-römische Porträttradition an, doch nun ist es das Gesicht Christi, das auf der Herrscherseite gezeigt wird und der Kaiser ist in altorientalischer Tradition sein oberster Diener. Für die vom byzantinischen Reich als Bürger zweiter Klasse behandelten Menschen im Osten blieb das ein Etikettenschwindel. Die muslimische Reform ist wie jene des jüdischen Widerstandes, an den sie auch thematisch anknüpft, ganz auf Gott jenseits des Menschen ausgerichtet und ihre Münzen zeigen nur Symbole und Schrift (Nr. 67).

West-östlicher Diwan

Unter der Oberfläche politischer Konflikte wuchsen und gediehen vielfältige, dem Leben zugewandte, ost-westliche Symbiosen. Dabei spielten Frauen eine wichtige Rolle und schon damals war das Haar der Frauen ein wichtiges Symbol dieser Symbiose. Im Rahmen der paganen Frömmigkeit repräsentierte es die Vitalität der Göttin (Nr. 61), während es von den patriarchalen Vertretern der abrahamitischen Religionen dämonisiert wurde (Nr. 62). Die kluge Palmyrenerin von Nr. 56 entgeht dem Dilemma, indem sie ihre wirkmächtige Haarpracht verschleiert und zeigt, wem sie will. Vermögende Frauen wie sie, spielten bei der Ausbreitung des Christentums eine wichtige Rolle. In ihrem Milieu vollzogen sich sanfte Übergänge wie jene von der thronenden Göttin (Nr. 59) zur Maria als Sedes sapientiae und von der stillenden Gottesmutter (Nr. 60) zur christlichen Muttergottes.

Vier Fragmente eines Militärdiplomes in den Sammlungen BIBEL+ORIENT, das 158 n. Chr. unter Kaiser Antoninus Pius für einen aus dem Balkan stammenden Soldaten ausgestellt worden ist, der 133 n. Chr. für den Krieg gegen Bar Kochba und seine jüdischen Mitkämpfer rekrutiert worden ist. In den zwei jüdischen Kriegen (66-70 und 132-135 n. Chr.) gingen die Römer mit einem mächtigen Heeresaufgebot gegen den jüdischen Widerstand vor. Den Soldaten winkte nach 25 Jahren Dienst ein Stück eigenes Land, wenn sie römische Bürger waren oder – wenn sie zu den von den Römern unterworfenen Völkern gehörten, wie im Falle unseres Soldaten – ein Diplom, das sie zu römischen Bürgern machte. Die Originalkonstitution, deren getreue Abschrift das Diplom ist, befand sich an der Mauer eines Tempels in Rom, der unter Tiberius für den vergöttlichten Augustus errichtet worden war. – GT 2006.1; Schenkung Arno Stadelmann und Walter Bühlmann

Auf der Seite der Männer sind es Gestalten wie der Gute Hirt (Nr. 65), der Herr der Tiere (Nr. 64) oder die Sonne (Nr. 66), die eine christliche Inkulturation erlauben. Der Gute Hirt erhält dabei Kleider, der Herr der Tiere einen neuen Namen und die Sonne einen Bart.

Der ferne Spiegel

Im Vergleich zur 1191 Jahre währenden Zeit islamischer Vorherrschaft im Vorderen Orient, war jene der 957 Jahre dauernden hellenistisch-römisch-byzantinischen Vorherrschaft sehr bewegt und von ständigen Zerreißproben zwischen Reformern und Traditionalisten, zwischen Globalisierern und Autonomen gekennzeichnet. Je mehr Details wir über jene Zeit in Erfahrung bringen, desto deutlicher treten auch die Chancen und Gefahren vor Au-

gen, die sich seit der erneuten westlichen Dominanz, beginnend mit der britischen Mandatszeit 1917, im Orient eröffnet haben. Wird das Selbstbewusstsein der Einheimischen wie damals in den jüdischen Kriegen mit eiserner Waffengewalt gebrochen oder gelingt wie damals mit dem Christentum das Wachsenlassen einer neuen, symbiotischen Kultur? Die Geschichte stellt uns Erfahrungen und Modelle zur Verfügung, aus welchen wir alle lernen können.

Max Küchler,
Konservator der Numismatica und der griechisch-römischen Abteilung

51 Tanit, eine enigmatische phönizische Göttin

Auf einem doppelten Sockel steht eine feierlich ernste Frauenfigur. Ein breiter Schleier liegt über ihrem Kopf. Über dem gewölbten Bauch, der Schwangerschaft andeuten dürfte, gürtet ein Isisknoten das Kleid. Das rechte Ohr der Göttin ist erheblich größer als das linke. Es deutet Erhörungsbereitschaft an. Ihre rechte Hand ist segnend erhoben. Mit der Linken hält sie ein Kleinkind. Manche der Figuren von diesem Typ tragen auf dem Sockel das Zeichen der phönizisch-punischen Göttin Tanit (vgl. Nr. 52). Sie scheint mit der großen Astarte von Tyrus identisch zu sein. Tanit dürfte «Klagefrau» bedeuten. Da sie nicht selten «Tanit vor Baal» heisst, dürfte sie wie Isis um Osiris beim Verschwinden des Vegetationsgottes um diesen geklagt haben. Auch sonst hat sie manche Züge mit Isis gemeinsam (vgl. Nr. 10, 60). Interessant ist, dass ab der Mitte des 1. Jahrtausends v. Chr. Göttinnen mit einem Kind der dominierende Typ werden (vgl. Nr. 10). Vorher war er extrem selten (vgl. Nr. 7-8, 10, 21, 36-37). ok

Gebrannter Ton mit Kruste aus verschiedenen Wasserlebewesen; Höhe 44 cm; aus einem Wrack im Meer vor der libanesischen oder nordisraelischen Küste; 5. Jh. v. Chr.; VFig 1998.10; erworben mit Mitteln der Ernst Göhner Stiftung, Zug

52 Was wurde Tanit gelobt?

Die Stele ist durch zwei horizontale Doppellinien dreigeteilt. Den obersten Teil nehmen drei Spitzen ein. Die mittlere ziert eine Rosette. Im untersten Teil sind drei zum Teil abgebrochene Zeichen zu erkennen: im Zentrum das Zeichen der Tanit, links davon eine segnende Hand, rechts der Hermesstab (Caduceus). Den mittleren Teil der Stele nimmt eine vollständig erhaltene alphabetische Inschrift ein: «Der Großen, der Tanit-vor-Baal-Hamon, was gelobt/geweiht hat Bod-Aschtart, der Sohn des Adon-Baal». Die Stele dürfte wie zahlreiche ähnliche aus dem so genannten Tofet in Karthago stammen. Tofet ist ein biblischer Begriff. Er bezeichnet eine rätselhafte Institution im Hinnomtal bei Jerusalem, wo angeblich Kinder geopfert wurden (Jer 7,31f; 19,6.13). Der Begriff ist auf punische Anlagen in Tunesien, Sizilien, Sardinien usw. übertragen worden. Diese werden von den einen als Kinderfriedhöfe, von anderen als Stätten für Kinderopfer gedeutet. Leider sagen die Inschriften nie, *was* die Stifter gelobt haben: die Stele als solche, ein Tier- oder ein Kinderopfer? ok

Kalkstein; erhaltene Höhe 24 cm; aus dem punischen Raum, wahrscheinlich Karthago; 3.-2. Jh. v. Chr.; VFig 2005.1; Schenkung Silvia Schroer und Thomas Staubli, Liebefeld BE

53 Repräsentanten des Umbruchs im Orient

Die Münzen, die hier abgebildet sind, zeigen einige der bekanntesten Könige, die über das antike Palästina mit seiner wechselhaften Geschichte herrschten.

Unter den Persern konnten die exilierten Juden aus Babylon zurückkehren, den zerstörten Tempel und Jerusalem wieder aufbauen und etwa zwei Jahrhunderte lang in relativer Selbständigkeit leben. Eine persische Dareike (a) zeigt den König (Artaxerxes I. oder Darius II.?) im Knielauf, bewaffnet mit Pfeil und Bogen. Der Perserkönig Artaxerxes II. (b) präsentiert sich in einem Prunkwagen, wobei er seinen rechten Arm in einer freundlichen Geste erhoben hat.

Ptolemäus II. regierte von Ägypten aus über Palästina. Die Vorderseite (c) zeigt sein Porträt mit dem markant hervorspringenden Kinn und die Rückseite (d) den Adler des Zeus, der ein Blitzbündel in seinen Fängen hält. In seiner Regierungszeit wurde der wichtigste Teil der hebräischen Bibel ins Griechische (Septuaginta) übersetzt.

Von König Antiochus IV., der von Syrien aus regierte, berichtet das Alte Testament nichts Gutes, denn unter ihm sollte aus Jerusalem eine «moderne» griechische Stadt werden. Die damit verbundenen Maßnahmen und Änderungen im Kult waren für fromme Juden nicht tragbar und führten zum Aufstand der Makkabäer. Auf seiner Münze (e) ist er als jugendlicher Herrscher dargestellt, und die Rückseite (f) ziert der thronende Zeus, der einen Adler in seiner Hand hält. so

53a Gold; Dareike; 8,315gr; 13/16mm; Artaxerxes I. oder Darius II.?, 2. Hälfte 5. Jh. v. Chr.; N 1966.203; N 1966.203 **53b** Silber; Doppelschekel; 27,430gr; 29/31mm; Sidon; Artaxerxes II., ca. 400 v. Chr.; N 1999.4 **53c/d** Silber; Tetradrachme; 14,278gr; 25/26mm; Alexandria; Ptolemäus II., ca. 285-275 v. Chr.; N 1966.204 **53e/f** Silber; Tetradrachme; 16,839gr.; 28/29mm; Antiochia; Antiochus IV., ca. 165/4 v. Chr.; N 1966.206. Schenkungen Josef Vital Kopp, Luzern

54 Irdische und himmlische Reiter

Der Reiter trägt einen Helm in phrygischer Form mit Kinnschutz und eine Rüstung. In seiner rechten Hand hielt er eine Lanze. Im Alten Orient kämpfte man vom Streitwagen aus. Kämpfende Reitertruppen kamen zum ersten Mal mit Alexander d. Gr. und seinen Makedonen in großem Umfang in den Osten. Der Reiter, der von einem sich aufbäumenden Pferd herab seinen Gegner niederzwingt, war eine der beliebtesten Alexander-Ikonen. Die jüdische Tradition nahm dieses Bild auf. Sie erzählt, Heliodor ein Beamter des Königs Seleukus IV. (87-175 v. Chr.), habe versucht mit seiner Truppe den Tempelschatz von Jerusalem zu plündern, habe diesen aber zu Tode erschrocken verlassen, «denn es erschien ihnen ein Pferd mit einem schrecklichen Reiter darauf; das Pferd war mit prächtigem Geschirr geschmückt. Es stürmte wild auf Heliodor ein und traf ihn heftig mit den Vorderhufen» (2 Makk 3,25). ok

Gebrannter Ton, Spuren von Bemalung; Länge 23 cm; Apulien; hellenistisch, 3. Jh. v. Chr.; GFig 2000.1; erworben mit Mitteln der Sammlungen BIBEL+ORIENT

55 Repräsentanten römischer Macht

Die römischen Kaiser hatten für Juden und Christen eine große Bedeutung. Kaiser Augustus (a) soll das Edikt erlassen haben, dass sich «alle Bewohner des Reiches in Steuerlisten» einzutragen hätten (Lk 2,1). So sollen Josef und Maria nach Betlehem gekommen sein, wo Jesus geboren wurde. Unter dem nachfolgenden Kaiser Tiberius (b) begann Jesus sein öffentliches Wirken (Lk 3,1) und fand während dessen Regierungszeit den Tod.

Kaiser Nero (c) war verantwortlich für den Brand Roms. Die Schuld an der Verwüstung wies er den Christen zu, die er verfolgen ließ. Während dieser Christenverfolgung starb Simon Petrus, der erste Bischof Roms, den Tod als Märtyrer.

Tragische Erinnerungen für die Juden sind mit dem Namen Vespasian (d) verbunden, denn während seiner Regentschaft kam es zur Eroberung und Zerstörung Jerusalems und des Tempels (70 n. Chr.).

Der Versuch, im Bar Kochba-Aufstand (132-135 n. Chr.) Jerusalem wieder zu erobern und die Stadt mit dem Tempel aufzubauen, wurde von Kaiser Hadrian (d) blutig niedergeschlagen. Den Juden war es nach dem Krieg verboten, die Stadt Jerusalem zu betreten und sie wurde in Aelia Capitolina umbenannt. so

55a Gold; Aureus; 7,867gr; 17mm; Lugdunum (Lyon); Augustus (27 v.–14 n. Chr), ca. 8 v. Chr.; N 1966.46 **55b** Gold; Aureus; 7,816gr; 18/19mm; Lugdunum (Lyon); Tiberius (14-37 n. Chr.); N 1966.49 **55c** Gold; Aureus; 7,228gr; 17mm; Rom; Nero (54-68 n. Chr.), 66-67 n. Chr.; N 1966.54 **55d** Gold; Aureus; 7,330gr; 18/20mm; Rom; Vespasian (69-79 n. Chr.), 78-79 n. Chr.; N 1966.63 **55e** Gold; Aureus; 7,385gr; 18/19mm; Rom; Hadrian (117-138 n. Chr.), 119-122 n. Chr.; N 1966.76. Schenkungen Josef Vital Kopp, Luzern

56 Eine Palmyrenerin lüftet den Schleier

Das in Stein gemeißelte Portrait der vornehmen, reich geschmückten Dame diente als Abschluss ihres Schiebegrabes in der unterirdischen Grabkammer ihrer Sippe in der mondänen syrischen Wüstenmetropole Palmyra. Da der Zugang zu diesem verborgenen Ort nur Verwandten gestattet war, lüftet sie ihren Schleier und zeigt ihr Gesicht. In der Öffentlichkeit traten die Frauen der palmyrenischen Aristokratie allerdings nur verhüllt auf. Während die Verschleierung einerseits Ausdruck von Reichtum an Stoff und nobler Sitte sein konnte, diente das Schleier- und Schweigegebot im frühen Christentum auch der Disziplinierung von Frauen in einem patriarchalen Umfeld (1Kor 11,3-16; 1Petr 3,1-3).

In ihrem linken Arm hält die Frau einen Knaben. Dieser hält in der Rechten eine Traube, mit der Linken den Daumen der Mutter. Die aramäische Inschrift lässt vermuten, dass Mutter und Kind bei der Geburt starben (vgl. Gen 35). Vor den Namen von Mutter und Kind in der palmyrenischen Beischrift steht das Wort «Wehe!». Das Monument illustriert dramatisch die Fragilität des Lebens von Müttern und Kindern in der Antike. Vornehme Frauen spielten bei der Ausbreitung des Christentums, das in Palmyra sehr früh bezeugt ist, eine wichtige Rolle (vgl. Apg 16). ok/ts

Kalkstein; Höhe 52 cm; Palmyra (Syrien); um 200 n. Chr.; VFig. 2001.9; Schenkung Adolphe Merkle, Greng bei Murten

57 Zwei Tempel für JHWH: Zion und Garizim

Auf dem Berg Zion, der den Juden heilig ist, und auf dem Berg Garizim, der den Samaritern heilig ist, standen Tempel. Die Zerstörung des Tempels von Jerusalem durch die Römer (70 n. Chr.) wurde von Jesus in einem apokalyptischen Wort prophezeit (Mk 13,2). Die Tetradrachme (a) aus dem Bar Kochba-Aufstand (132-135 n. Chr.) drückt die Hoffung auf einen Wiederaufbau aus: Sie zeigt eine Tempelfassade mit vier Säulen und der Bundeslade dazwischen. Der Stern oberhalb des Tempels als messianisches Zeichen und die Inschrift «Simon» (Bar Kochba) unterstreichen diese Hoffnung.

Der samaritanische Tempel auf dem Garizim wurde vom jüdischen Herrscher Hyrkan I. 128 v. Chr. zerstört. Dies verstärkte die Feindschaft zwischen Samaritern und Juden. Jesus erklärt der Samariterin am Jakobsbrunnen, dass man eines Tages Gott weder auf dem Garizim noch in Jerusalem anbeten werde, sondern im Geist und in der Wahrheit (Joh 4). Die Römer bauten aber auf dem Garizim einen Tempel für Zeus. Auf der Münze (b) kann man diesen Tempel, die steile Treppe, die zu ihm hinaufführte, und die Säulen der Hauptstrasse im Tal sehr gut erkennen. so

57a Silber; Tetradrachme; 13,772gr; 26mm; Judäa 132-135 n. Chr.; N 2000.70; Geschenk von Leo Mildenberg **57b** Bronze; 12,468gr; 24mm; Neapolis (Nablus) 218-222 n. Chr.; N 2000.118; erworben mit den Mitteln des Rekorats der Universität Freiburg Schweiz

58 Der Segen des Tempels

Der Silberdenar aus dem Bar Kochba-Aufstand (132-135 n. Chr.) nennt in den Inschriften seinen Anführer «Simon»(Bar Kochba) und das Ziel des Krieges: «die Befreiung Jerusalems». Jerusalem konnte von den Aufständischen aber nie erobert werden und der Krieg endete in einer weiteren Katastrophe für die Juden. Alle Münzen des Aufstandes sind überprägte griechische und römische Münzen, denn es fehlte den Aufständischen die materielle Basis für eine eigene Münzproduktion.

Traube und Leier sind eng mit dem Leben und dem Tempel der Juden verbunden.
David spielte auf der Leier und man lobte Gott «in seinem Heiligtum ... mit Standleier und Leier» (Ps 150,1.3). Das Musikinstrument symbolisiert hier den Kult im Tempel.
Die Fruchtbarkeit des verheißenen Landes zeigte sich in der großen Weintraube, die die Kundschafter auf einer Stange mit sich trugen (Nr. 63). Der Wein ist eine der sieben Gaben des Landes (Dtn 8,11), der Weinstock ein Bild für das Volk Israel, und nur ein funktionierender Tempel sichert die Fruchtbarkeit des Landes (Hag 1,9-11; 2,15-19). so

Silber; Denar; 3,400gr; 19mm; Judäa; 134/135 n. Chr.; N 2000.4; erworben mit der Unterstützung des Diogenes Verlages

59 Kybele – Göttin eines wald- und wildreichen Gebirges

Die jugendliche Frau mit ihrer scheffelförmigen Krone und ihrem Umhang, der über den Kopf geworfen ist, thront zwischen zwei Löwen. Diese und die große Rahmentrommel, auf die sich ihre linke Hand stützt, weisen sie als Kybele aus. Die Heimat der Großen Mutter und Herrin der Tiere war das im Altertum wald- und wildreiche Ida-Gebirge im Nordwesten der heutigen Türkei. Göttinnen dieses Typs wurden seit dem Neolithikum auf verschiedenen Gebirgen, so auch auf dem Libanon verehrt. Im Hohenlied wird die Geliebte als unnahbare Göttin geschildert, die dort unter Löwen wohnt (4,8). 204 v. Chr. wurde ihr Kult in Rom eingeführt. Eine Weissagung hatte verkündet, sie werde den karthagischen Feldherrn Hannibal aus Italien vertreiben. 202 v. Chr. wurde er von P. Cornelius Scipio entscheidend geschlagen. ok

Marmor, Höhe 27,5 cm; wahrscheinlich Kleinasien; frühe römische Kaiserzeit, 1. Jh. n. Chr. ; GFig 2004.2; Schenkung Dr. Adolphe Merkle, Greng bei Murten und Othmar Keel Freiburg Schweiz (M. Benoist Preis 2005)

60 Die stillende Gottesmutter

Nicht nur Gestalten der Hebräischen Bibel wie die Geliebte im Hohenlied (Nr. 59), sondern auch wichtige christliche Ikonen greifen pagane Prototypen auf. Die Terrakotta aus römischer Zeit zeigt die stillende Isis. Aus der archaisch-mythischen Gestalt mit den großen Kuhhörnern (Nr. 10) ist eine zwar vornehm thronende, aber sehr menschliche Frau geworden. Das mythische Kuhgehörn mit der Sonne ist zu einer Art Haarschmuck geschrumpft. Auf diesen konnte leicht verzichtet werden, und schon war aus dem Bild der Mutter des Horus das Bild der stillenden Gottesmutter Maria geworden. Die ältesten Darstellungen dieser Art stammen nicht zufällig aus Ägypten, der Heimat der Isis. ok

Gebrannter Ton, minimale Farbspuren; Höhe 11,8 cm; Ägypten; römische Zeit, 2. Jh. n. Chr.; GFig 2001.2; Schenkung Jerome M. Eisenberg, New York

61 Ein pompöser Haaraufbau

Nebst ihren mütterlichen (Nr. 10, 60) erhielt Isis in hellenistisch-römischer Zeit dank der Identifizierung mit der Liebesgöttin Hathor-Aphrodite auch erotisch-attraktive Züge. Bei aller hellenistisch-römischen Gestaltung des Körpers bewahrt die Figur die für ägyptische erotische Figuren seit Jahrtausenden gültige Haltung der seitlich an den Körper gepressten Arme. Sie drückt bescheidene Bereitschaft aus, Aufforderungen nachzukommen (vgl. Nr. 29b). Die Haare sind zu einem eindrücklich komplexen Gebilde aufgetürmt. Zuoberst ist wie ein Teil der Frisur die Sonne zwischen den Kuhhörnern angebracht (Nr. 10, 60). Haare signalisierten Vitalität und erotische Potenz. Figuren dieser Art wurden gemäß antiken Quellen jungen Frauen geschenkt, die ins Eheleben eintraten. Sie sollten deren Weiblichkeit und Lust am Eheleben stärken (vgl. Nr. 36-37). Für Paulus mit seiner Erwartung des nahen Endes dieser Welt bringen Erotik und Eheleben nur unnötige Sorgen mit sich und lenken vom Wesentlichen ab (1Kor 7,25-38). ok

Gebrannter Ton, Spuren von Bemalung; Höhe 29,5 cm; Ägypten, wahrscheinlich Alexandria; 1. Jh. v. Chr. - 1. Jh. n. Chr.; ÄFig 2004.3; Schenkung von Hans und Sonja Humbel, Kilchberg ZH

62 Haare als Symbol der Unordnung

Diese frühe Darstellung von Adam und Eva zeigt ein anderes Verhältnis zur weiblichen Sexualität als Nr. 61. Im Hohenlied zeugen wilde schwarze Haare noch von Vitalität und Lebenslust (4,1), Evas Haare auf diesem Bild hingegen von Zügellosigkeit. Sie ist es, die sich von der Schlange verführen lässt (1Tim 2,14). «Ihretwegen müssen wir alle sterben» (Sir 25,24). Im Gegensatz zu Evas Kopf umgibt den Adams eine Art Nimbus (vgl. Nr. 64). Er ist der von ihrer Schlechtigkeit Verführte. Bei beiden aber beziehen sich Schuld und Scham auf das Geschlecht, nicht etwa auf den Mund, mit dem sie das Falsche gesagt und gegessen haben (vgl. Jesja 6,5). Das Haar der Frau wird in allen monotheistischen Religionen als Quelle von Verführung und Zügellosigkeit gesehen. Paulus verlangt von den Frauen deshalb wiederholt, ihr Haar – mindestens während der Gottesdienste – zu verhüllen. Die zum Teil merkwürdigen Argumente verraten (vgl. 1 Kor 11,5f.10.14-16), dass die Debatte um das «Kopftuch» schon damals emotionsbefrachtet war. ok

Gebrannter Ton; Breite 27 cm; Tunesien; 5.–6. Jh. n. Chr.; GFig 2005.1; Schenkung des Vereins Projekt BIBEL+ORIENT

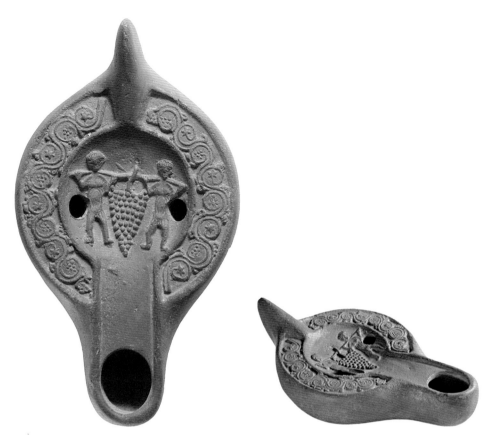

63 Die Traube als Inbegriff des Heils

Schon in römischer Zeit hatte man damit begonnen, die geschlossene Oberseite von Öllämpchen figürlich zu dekorieren. Mit zunehmender Christianisierung des Orients wurde diese Sitte zum Zwecke der christlichen Erbauung fortgeführt, umso mehr als das Licht selber von den Christen als Christussymbol aufgefasst wurde (Joh 8,12). Zu den beliebtesten Motiven gehören die guten Kundschafter. Ausgeschickt von Mose, die Beschaffenheit des gelobten Landes zu erkunden, kehren sie mit einer Weintraube zurück, die von zwei Personen an einer Stange getragen werden muss (Num 13,23). Traubensaft war das Gold des bäuerlichen Palästina. Er verkörperte daher den Segen des Tempels (vgl. Nr. 58), nach dessen Zerstörung den Segen der messianischen Zeit. So schwärmt der kleinasiatische Bischof Papias im 2. Jahrhundert von Weinstöcken mit zehntausend Ästen und je zehntausend Zweigen, an welchen je eine Traube mit zehntausend Beeren hängt, von welchen jede einzelne 25 Maß Wein gibt.
Josua galt den Kirchenvätern wegen seines Namens als Prototyp Jesu. Er verkörperte das Neue, Kaleb das Alte Testament. Die Traube, die am Holz hängt, verwies in dieser Theologie auf den Gekreuzigten und die ganze Szene auf die Kreuztragung. Im modernen Israel wurde das in seiner Übertriebenheit fast burleske Segensmotiv zum Logo des Tourismusministeriums. ts

Terrakotta; Länge 14,5 cm; Nordafrika; 5. Jh. n. Chr.; GFig 2005.5; erworben mit Mitteln des Departementes für Biblische Studien der Universität Freiburg Schweiz

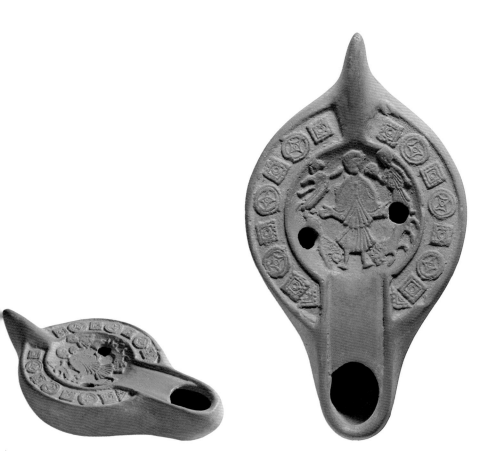

64 Daniel in der Löwengrube

«Leben in Fülle» war eines der großen Themen der frühchristlichen Kunst (vgl. Nr. 63 und 65), ein anderes die Errettung aus jeglicher Not, vor allem vom Tod. Ein beliebtes Beispiel für solche Errettung war Daniel. In Dan 6 wird erzählt, der vom Perserkönig Darius hoch geschätzte Daniel habe den Neid der persischen Beamten erregt. Sie setzen beim König ein Dekret durch, das verbietet, 30 Tage lang eine Bitte an jemand anderen zu richten als an Darius. Daniel aber fährt wie gewohnt fort dreimal täglich Richtung Jerusalem zu beten. Zur Strafe wird er in eine Grube voll hungriger Löwen geworfen. Die Löwen tun ihm nichts. Nach einer zweiten Version in Dan 14,23-42 wird er während der sieben Tage in der Löwengrube vom Propheten Habakuk, den ein Engel von Judäa nach Babylon bringt, mit Nahrung versorgt. Das Bild auf der Lampe zeigt Daniel in betender Haltung im Schema des «Herrn der Tiere» (vgl. Nr. 35) zwischen zwei Löwen. Links oben ist der Engel, rechts der Prophet Habakuk mit einem Brot zu sehen. Für Christen und Christinnen symbolisierte das Bild die Kraft des Gebets, das von allem Bösen und vom Tode errettet. ok

Terrakotta; Länge 14,2 cm; Nordafrika, 5. Jh. n. Chr.; GFig 2005.4; Schenkung Helen und Josef Eigenmann, Freiburg Schweiz

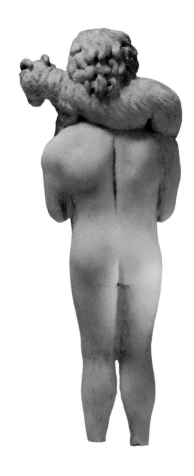

65 Der gute Hirte

Nebst jüdischen (vgl. Nr. 63 und 64) benützte die junge christliche Kunst auch heidnische Motive, um ihre Hoffnung sichtbar zu machen. Der Hirte, der in paradiesischer Nacktheit mit liebevoller Sorge sein Tier trägt, ist ein Motiv, das in Form lebensgroßer Skulpturen die Gärten feudaler römischer Villen bevölkerte. Zusammen mit melkenden Hirten, Anglern und ähnlichen Figuren verliehen sie diesen die Ruhe eines idealisierten Landlebens. Sie schmückten auch Sarkophage und ließen den Bereich des Todes als ländliches Paradies erscheinen. Die Christen aus dem Heidentum, die im Gegensatz zu den Judenchristen Bilder gewohnt waren und ein starkes Bedürfnis danach hatten, wählten Motive aus diesem Bereich, um ihrer Erlösungserfahrung und Paradieseshoffnung Ausdruck zu geben. Die frühchristliche Kunst betont nicht Leiden und Opfer, sondern Lebensfülle. Die Menschenfreundlichkeit (Philanthropie) Gottes in der Gestalt eines Hirten darzustellen, legten die Evangelien nahe (Lk 15, 3-7; Joh 10,1-16). Allerdings war der christliche gute Hirte bekleidet und nicht nackt. ok

Marmor; Höhe 21,1 cm; Kleinasien; 4. Jh. n. Chr.; GFig 2005.2; Schenkung Othmar Keel aus dem Benoist-Preis 2005

66 Christus als unbesiegter Sonnengott

Ein von Punkten gebildetes Rund, das von einem weißen Band umrahmt ist und von dem rote Strahlen ausgehen, schließt ein bärtiges Männergesicht ein. Man möchte an die Darstellung einer Sonnengottheit denken, aber der antike Sonnengott, griechisch *Helios*, lateinisch *Sol*, ist in der Regel bartlos dargestellt. Der Spitzbart und die weit geöffneten Augen sind typisch für das Antlitz Christi. Ein alttestamentlicher Prophet hat den Gerechten versprochen, eines Tages werde die Sonne der Gerechtigkeit ihr Leben erhellen (vgl. Nr. 33). Die Christen haben diese Prophetie in Christus erfüllt gesehen. Er ist für sie zur Sonne geworden, die eine gerechte Ordnung bedeutet. Die Heiden feierten am 25. Dezember den Geburtstag des «Unbesiegten Sonnengottes» (*natalis solis invicti*). In einem astronomischen Kalender des 3. Jahrhunderts n. Chr. heißt es zum 25. Dezember «Geburtstag der Sonne. Das Licht nimmt zu». Da nicht überliefert ist, an welchem Tag Jesus von Nazaret geboren wurde, haben die römischen Christen den Geburtstag des unbesiegten Sonnengottes für Christus, den vom Tod nicht Besiegten, in Anspruch genommen. So folgenreich das Verständnis Christi als «wahre Sonne» war und so häufig es in der Literatur erwähnt wird, bildliche Darstellungen sind sehr selten. Die Sammlungen BIBEL+ORIENT besitzen mit diesem Bild ein ganz besonders kostbares Zeugnis. ok

Terrakotta; Länge/Breite 19,8 cm; Tunesien; 4.-6. Jh. n. Chr.; GFig 2006.1; Schenkung Ingalisa und Agnes F. Reicke, Basel und Zürich

67 Von Christus zu Mohammed

Das Christusbildnis wurde ab Justinian II. auf Münzen verwendet, als Folge des trullanischen Konzils von 692. Dort wurde die angemessene Darstellungsweise Christi verhandelt und schließlich dem menschlichen Erscheinungsbild gegenüber dem symbolischen als Lamm der unbedingte Vorzug gegeben. Ikonographisch stimmte der Christuskopf möglicherweise mit dem gleichzeitigen oder etwas älteren Mosaikbild in der Apsis des Chrysotriklinos, des Großen Palastes in Konstantinopel, überein. Der Christuskopf auf der Vorderseite der Münze (a) verdrängte das Bildnis des Kaisers auf die Rückseite (b), auf der bis dahin allein das Kreuz zu sehen war, das hier wie eine Insignie getragen wird. Die Legenden sind bis auf den Namen Christi lateinisch. Der ungewöhnliche Titel «Diener Christi» für den Kaiser korrespondiert mit dem Christustitel «König der Könige» auf der Vorderseite.

In scharfem Kontrast zur byzantinischen Münze zeigt eine sehr frühe muslimische Münze (c) in Variierung jüdischer Tradition eine fünfarmige Menora, zusammen mit dem muslimischen Glaubensbekenntnis «la ilaha illa Llahu», «es gibt keinen Gott ausser Gott». Auf der Rückseite wäre zu lesen: «Muhammadun rasulu Llahi», «Mohammed ist sein Prophet». ts

67a/b Gold; Solidus; Konstantinopel; Justinianus II., 692-695 n. Chr.; Lehrstuhl für frühchristliche und byzantinische Archäologie der Universität Freiburg Schweiz; Nachlass Lampart **67c** Kupfer, Jerusalem; frühomaijadisch; N 1999.2515.

Heilige
Schriften

Schrift und Bibel

Althebräische Schrift

In der ersten Hälfte des 1.Jt.s v. Chr. dürften im Gebiet Israels die ersten Texte aufgeschrieben worden sein, die dann in die frühesten Bücher der Bibel von Juden und Christen eingegangen sind. Zu dieser Zeit waren die Hieroglyphenschrift Ägyptens und die Keilschrift Mesopotamiens schon zwei Jahrtausende in Gebrauch, und in der Levante hatte sich bereits die Konsonantenschrift der Phönizier verbreitet. Die Entwicklung dieser Schriften war mit dem anfallenden Handels-, Verwaltungs-, Rechts-, Bildungs- und Kultwesen in den aufkommenden Städten und Königtümern notwendig geworden. Auch zahlreiche althebräisch geschriebene Inschriften aus dem 1. Jt. v. Chr. konnten gefunden werden (Nr. 45). Es kann angenommen werden, dass die ältesten Textteile der hebräischen Bibel in dieser althebräischen Schrift geschrieben worden sind.

Aramäische Quadratschrift

Ab dem 6. Jh. v. Chr. verbreitete sich im Perserreich und damit auch in Palästina das Aramäische als Verwaltungssprache. Geschrieben wurde es mit dem gleichen Konsonanteninventar wie das Hebräische, allerdings mit anderen Zeichenformen. Aus ihr entwickelte sich die so genannte aramäische Quadratschrift, in der bis heute die «hebräische Bibel» geschrieben bzw. gedruckt wird (vgl. Nr. 67-68), obwohl nur wenige Texte selbst in aramäischer Sprache verfasst worden sind (Dan 2,4b-7,28 und Esr 4,8-6,18; 7,12-26). Auch die meisten Handschriftenzeugnisse aus Qumran und vom Toten Meer ab dem 4. Jh. v. Chr. sind mit diesem Schrifttypus geschrieben worden.

Griechische Schrift

Nach der Eroberung der Levante durch Alexander den Großen (332 v. Chr.) verbreitete sich die griechische Sprache und Schrift in diesen Ländern. Griechische Inschriften in Palästina sind ab dem 3. Jh. v. Chr. belegt, und aus dem nachfolgenden Jahrhundert sind unter den Handschriftenfunden vom Toten Meer nicht wenige griechische Texte biblischen und nichtbiblischen Inhalts bekannt. Die Bibel legt ein eindrückliches Zeugnis davon ab, wie mit dieser Sprache und Schrift eine ganze neue Kultur in die hebräische Welt Einzug hielt. Schon im 3. Jh. v. Chr. übersetzten Juden ihre damalige «Heilige Schrift», die Tora, ins Griechische (Septuaginta), und die letzten Bücher des Alten Testaments (nach dem katholischen Kanon) fassten sie in Griechisch ab. Aus dieser Perspektive überrascht es nicht, dass alle Texte des Neuen Testaments in Griechisch abgefasst sind.

Bibel als «Bibliotheken»

Aus diesen Bauelementen setzt sich die literarische Sammlung «Bibel» zusammen. Ob der Vielfältigkeit nicht nur ihrer einzelnen Bücher, sondern auch ihrer heutigen religiösen VerwalterInnen würde zutreffender von einer «Bibliothek» bzw. von «Bibliotheken» gesprochen. Denn die vielen Religionen und Konfessionen haben mit den Büchern der «Bibel» sehr unterschiedliche Konzepte von «kanonischen Bibliotheken» entwickelt, die sich in der Anordnung und Gewichtung sowie im Gesamtumfang der aufgenommenen Bücher beträchtlich unterscheiden.

Die hebräischen Bibeln

Die Minimalvariante von «Bibel» findet sich bei den Samaritanern, deren kanonische Bibliothek nur die fünf Bücher Mose umfasst. Diese Bücher betrachten auch die Juden als das Herzstück ihrer Heiligen Schrift, doch sie ergänzen sie mit dem «Propheten»-Korpus, das die frühere Geschichte Israels sowie die Texte der Propheten enthält, und mit einem «Schriften»-Korpus, dessen Bücher die weitere Geschichte Israels, die Psalmen und Weisheitsliteratur enthalten. Diese beiden Sammlungen bilden eine Art kommentierenden Ring um das Zentrum der Tora, um den sich dann in der jüdischen Bibliothek die weiteren Ringe der rabbinischen Texte gruppieren.

Althebräisch
(7. Jh. v. Chr.)

Aramäisch
(3. Jh. v. Chr.)

Sog. «Aramäische
Quadratschrift»
(1. Jh. n. Chr.)

Die griechische Bibel

Die Übersetzung der «Tora, Propheten und Schriften» ins Griechische durch Juden im 3.-1. Jh. v. Chr. bildete den Grundstock einer «griechisch-jüdischen Bibliothek», in die weitere, griechisch verfasste Bücher eingefügt wurden. Sie war zur Zeit Jesu in der ganzen griechisch sprechenden Welt bekannt und wurde auch von den ersten Christen benutzt, wenn sie die Heilige Schrift zitierten. Bei den Juden ist dieser Bau in den folgenden christlichen Jahrhunderten verfallen, während die Christen daran bald eine radikale Umgestaltung vornahmen. Als erstes fügten sie als «Anbauten» ihre Texte

hinzu, die sie in ihren Gottesdiensten vorlasen. In Konkurrenz zu einem «Neubau», den der Christ Markion gegen Ende des 2. Jh.s als gnostisch gereinigte Bibliothek errichtet hatte, bauten sie eine neue, zweigeschossige Konstruktion, in der «zur ebenen Erde» die Räume der «Verheißung» und im «ersten Stock» jene der «Erfüllung» liegen. Damit schufen sie die heutige zweiteilige christliche Bibliothek des «Alten und Neuen Testaments», die mit dem anfänglichen Konzept des Zentralbaus nicht mehr viel gemein hat und die mit der Entwicklung der unterschiedlichen Konfessionen selbst wieder unterschiedliche Formen annahm.

Eine Bibliothekensiedlung

Der Begriff «Bibel» bezeichnet somit heute viel eher eine ganze Siedlung unterschiedlicher Bibliotheksbauten als ein einheitliches Gebäude. Ein Grundstock gemeinsamer Texte ist zwar in allen Häusern vorhanden. Sehr unterschiedlich aber sind Ort und die Zugänglichkeit, die diesem darin zugeteilt werden. Die «horizontale Ökumene» wird einerseits diese vielgestaltige «Siedlung» in ihrer gewachsenen Struktur zu respektieren haben. Andererseits wird sie auch Anstoß geben müssen, über die Herkunft und Konzepte all dieser «Bauten» nachzudenken.

Die Handschriftenabteilung im BIBEL+ORIENT MUSEUM ist klein, beherbergt aber Kostbares. Mit dem Exemplar eines samaritanischen Kodex (Nr. 68) besitzt sie nämlich eine ausgesprochene Rarität. Die hebräischen Torarollen (Nr. 69) dokumentieren ganz unterschiedliche Schreibertraditionen und die Esterrollen (Nr. 70) den festlichen Gebrauch der Schrift. Koptische Schriften machen mit der christlichen Überlieferung und Weiterentwicklung jüdischer Kultur im Niltal bekannt (Nr. 71) und arabische Handschriften mit der reichen muslimischen Schrifttradition (Nr. 72).

Joseph Oesch,
Konservator der Handschriftenabteilung

68 Samaritanischer Pentateuch in Buchform

Der Bildausschnitt enthält den hebräischen Text von Exodus 6,2-7*, geschrieben in samaritanischer Schrift. Er stammt aus dem Samaritanischen Pentateuch, der ein Rarissimum der Sammlung darstellt. Die Zeichenform der Schrift geht auf die der althebräischen Lettern zurück, in denen die meisten hebräischen Inschriften des 1. Jahrtausends v.Chr. geschrieben sind (vgl. Nr. 45). Die Samaritaner verstanden sich als einheimische Israeliten, wurden aber von den Juden zur Zeit Jesu als Abtrünnige betrachtet, mit denen der Umgang zu meiden war (vgl. Mt 10,5). Ihr kultisches Zentrum befand sich auf dem Berg Garizim, auf dem sie «Gott anbeteten» (Joh 4,19; vgl. Nr. 57). Im Unterschied zu den Juden in Jerusalem, dem aufgeweckten kulturellen Zentrum im Süden, scheinen die Samariter für die Schreibung ihrer Heiligen Schrift nie den Wechsel von der althebräischen Schrift zur moderneren und in der damaligen Welt auch sonst verbreiteten aramäischen Schrift vollzogen zu haben.
Im Neuen Testament ist an zahlreichen Stellen von den Samaritanern die Rede. Am bekanntesten sind das Gleichnis vom barmherzigen Samariter (Lk 10,25-37) und Jesu Gespräch mit der samaritanischen Frau (Joh 4,1-42). An anderen Stellen kommt die Distanz zu den Samaritanern noch stärker zum Vorschein. joe

Pergament (Gazelle oder Ziege); 260 Blätter; Höhe 37-38 cm; Nablus (?); 1495/96 n. Chr.; Kantons- und Universitätsbibliothek Freiburg Schweiz L 2057 und Sammlungen BIBEL+ORIENT Ms 2001.1; Schenkung der Dominikanischen Laiengemeinschaft der Schweiz

נזרו והביא כבש בן שנתו לאשם והיבים הראשנים יפלו כי טמא נזרו
ואת תורת הנזיר ביום מלאת ימי נזרו יביא אתו אל פתח אהל מועד
והקריב את קרבנו ליהוה כבש בן שנתו תמים אחד לעלה וכבשה אחת
בת שנתה תמימה לחטאת ואיל אחד תמים לשלמים וסל מצות סלת
חלת בלולת בשמן ורקיקי מצות משחים בשמן ומנחתם ונסכיהם
והקריב הכהן לפני יהוה ועשה את חטאתו ואת עלתו ואת האיל
יעשה זבח שלמים ליהוה על סל המצות ועשה הכהן את מנחתו ואת
נסכו וגלח הנזיר פתח אהל מועד את ראש נזרו ולקח את שער ראש
נזרו ונתן על האש אשר תחת זבח השלמים ולקח הכהן את הזרע
בשלה מן האיל וחלת מצה אחת מן הסל ורקיק מצה אחד ונתן על
כפי הנזיר אחר התגלחו את נזרו והניף אותם הכהן תנופה לפני יהוה
קדש הוא לכהן על חזה התנופה ועל שוק התרומה ואחר ישתה הנזיר
יין זאת תורת הנזיר אשר ידר קרבנו ליהוה על נזרו מלבד אשר
תשיג ידו כפי נדרו אשר ידר כן יעשה על תורת נזרו
וידבר יהוה אל משה לאמר דבר אל אהרן ואל בניו לאמר כה
תברכו את בני ישראל אמור להם   יברכך יהוה וישמרך
יאר יהוה פניו אליך ויחנך   ישא יהוה פניו אליך
וישם לך שלום   ושמו את שמי על בני ישראל ואני אברכם
ויהי ביום כלות משה להקים את המשכן וימשח אתו ויקדש
אתו ואת כל כליו ואת המזבח ואת כל כליו וימשחם ויקדש אתם
ויקריבו נשיאי ישראל ראשי בית אבתם הם נשיאי המטת הם העמדים
על הפקדים ויביאו את קרבנם לפני יהוה שש עגלת צב ושני עשר
בקר עגלה על שני הנשאים ושור לאחד ויקריבו אותם לפני המשכן
ויאמר יהוה אל משה לאמר קח מאתם והיו לעבד את עבדת אהל
מועד ונתתה אותם אל הלוים איש כפי עבדתו ויקח משה את העגלת
ואת הבקר ויתן אותם אל הלוים   את שתי העגלות ואת ארבעת הבקר
נתן לבני גרשון כפי עבדתם   ואת ארבע העגלת ואת שמנת הבקר
נתן לבני מררי כפי עבדתם ביד איתמר בן אהרן הכהן ולבני קהת

69 Hebräische Tora in Rollenform

Der hebräische Text von Num 6,19*-7,6* mit dem bekannten «Priestersegen» (6,24-27) in den Zeilen 5(6)-8 stammt aus einer von drei Torarollen der Sammlungen. Die mehrfach mit Ersatzblättern ausgebesserte Rolle ist in ihren ältesten Teilen, zu dem auch der abgebildete Ausschnitt gehört, wohl die älteste unter den dreien und stammt etwa aus dem 15. Jahrhundert n. Chr.

Wohl alle Texte des Alten Testamentes wurden ursprünglich auf Papyrus- oder Lederrollen geschrieben, wie auch deren Kopien unter den Qumranfunden zeigen. In nachchristlicher Zeit löste die im Gelehrten- und Alltagsgebrauch handlichere Buchform (vgl. Nr. 66) die Rollenform ab, die aber für den Synagogengottesdienst bis heute vorgeschrieben ist. Es betrifft dies die Texte der «Tora» (Pentateuch oder Fünf Bücher Mose) und des Buches Ester (Nr. 68), die mit der Hand auf Leder oder Pergament geschrieben werden müssen. Die zusammengenähten Blätter werden am Anfang und Ende auf Holzstäbe aufgerollt, die die beiden Paradiesbäume symbolisieren (Gen 2,9), zwischen denen sich beim Vorlesen der Texte die göttliche Herrlichkeit offenbart. – Da Angaben über den Herkunftsort oder die Entstehungszeit nicht angebracht werden können, sind Aussagen darüber eher unsicher. Zahlreiche eingenähte Ersatzblätter weisen auf einen langen Gebrauch dieser Rolle hin. joe

Pergament; 48 Blätter; 162 Kolonnen à 42 bzw. 50-51 Zeilen; Länge ca. 35m, Höhe ca. 60cm; Galizien (?); ca. 15. Jh. n. Chr. in den ältesten Teilen; Ms 2000.1; Schenkung Josef Oesch und Franz Hubmann, Linz

«Abschrift des Briefes Jesu Christi, des Sohnes des lebendigen Gottes, der an Abgar schreibt, König von Edessa: ‹Sei gegrüßt! Gesegnet bist du, Gutes soll dir sein und gesegnet sei deine Stadt, deren Name Edessa ist. Obwohl du bisher nicht gesehen hast, hast du geglaubt; du sollst darum deinem Glauben entsprechend empfangen und gemäß deines guten Willens werden deine Gebrechen geheilt werden. Wenn du gewisse Sünden als Mensch begangen hast, werden sie dir vergeben. Und Edessa, deine Stadt, wird gesegnet sein in Ewigkeit. Der Ruhm Gottes vermehre sich unter ihren Bewohnern und der Glaube und die Liebe werden leuchten in ihren Straßen. Ich bin Jesus, ich bin der befiehlt, ich bin der spricht. Ich habe (dies) geschrieben und diese Worte befohlen: Du hast sehr geliebt. Darum werde ich deinen Namen zu ewigem Gedenken setzen und Ehre und Ruhm und Segen. Man soll es hören bis an die Enden der Erde: Ich bin Jesus, der diesen Brief mit meiner eigen Hand geschrieben hat. Am Ort, an dem dieser Brief befestigt wird, soll keine Kraft des Widersachers noch ein unreiner Geist, weder männlich noch weiblich, noch andere Krankheiten noch Probleme noch [...] noch Fieber noch Erkältung noch ein anderes Problem die Macht haben, nahe zu kommen. [...] Wohlergehen sei Dir, Sieg, Amen.›»

Es folgen verschiedene Verse aus der Bibel sowie die Anrufung von Heiligen und Engeln.

70 Brief von Jesus Christus an König Abgar von Edessa

Um das Jahr 300 tauchten in Syrien Abschriften eines Briefes auf, den Jesus Christus einem König Abgar von Edessa geschrieben haben soll. Obwohl schon damals Stimmen laut wurden, dass es sich um einen frommen Schwindel handle, wurde der Text sehr populär. Im Brief antwortet Jesus auf Abgars Bitte, er möge zu ihm nach Edessa kommen. Jesus schreibt, dass er keine Zeit habe, weil er erfüllen müsse, wozu er auf Erden sei. Der Brief endet mit den Worten «deine Stadt möge gesegnet sein und kein Feind möge je darüber herrschen». Aufgrund dieser Segensformel wurde der Text oft als Amulett an Türen und Toren angebracht, um den Schutz auch für sich zu beanspruchen - das war auch der Zweck des hier abgebildeten Zettels in koptischer Sprache (sahidischer Di-

Acheiropoietos (= nicht von Menschen-
hand gemacht), nach dem Mandylion
(Tuchbild), das Jesus einer Legende zufolge dem Brief an Abgar beigelegt hat.
Aus der Malschule Jaroslawl; 104 x 74
cm; erste Hälfte des 13. Jhs; Staatliche
Tretjakow-Galerie, Moskau, Russland.

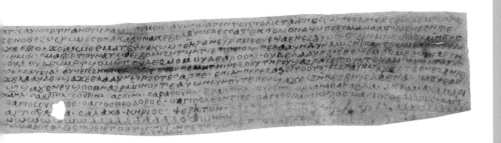

alekt). Ein ähnlicher Brauch ist mit den Mesusot (mit Texten aus Dtn 6,4-9 und 11,13-21) aus dem
Judentum bekannt. Früh verband sich mit dem Abgarbrief die Legende, Jesus hätte dem Brief auch
ein Tuch mit seinem Portrait beigelegt. Abbildungen dieses Tuches zeigen Jesus mit langem Haar
und Bart (vgl. Nr. 66). Dies ist zum Standard für Jesusdarstellungen geworden, denn vorher wird
Jesus als bartloser junger Mann gezeigt. Spätere Versionen der Legende besagen, das Tuch für Abgar sei eigentlich Jesu Grabtuch gewesen. So ist es noch heute bei Befürwortern der Echtheit des
Grabtuches von Turin zu lesen. ge

Pergament (Gazelle); Länge 27,7 cm; Ägypten; 4.-7. Jh.; ÄT 2006.8; Nachlass Dr. Ulrich Müller, Zürich

71 Die Rolle «Ester» für das Purimfest

Viel kleiner als Torarollen (Nr. 67) sind Esterrollen, aus denen zum Purimfest in der Synagoge vorgelesen wird. Sie sind im Wesentlichen nach den gleichen Schreibvorschriften wie jene geschrieben, also ohne Vokalzeichen, dafür aber mit bedeutungslosen «Krönchen» auf bestimmten Konsonantenzeichen und der üblichen Abschnittgliederung. Auf Blatt 2 sind solche Spatien zur Kennzeichnung von Unterabschnitten und die Technik der Streckung von bestimmten Konsonantenzeichen zur Zeilenfüllung schön erkennbar. Das erste Blatt der Rolle ist in einer anderen Schrift geschrieben und dürfte als Ersatzblatt für das durch häufigen Gebrauch zerschlissene Originalblatt angefertigt worden sein. Zu sehen sind die Verse 1,1-17.

Purim ist für die Juden ein fröhlich gefeiertes Fest (Februar/März), das – entsprechend dem novellenartigen Inhalt des Buches – an die Befreiungstat Esters und ihres Onkels Mordechai anlässlich einer persischen Judenverfolgung erinnert. Verbreitet ist der Brauch, sich zu den Festtagen zu verkleiden und Masken zu tragen. Die Erklärung dafür geht vom Umstand aus, dass Gott im Buch Ester nie genannt wird, sondern nur «verkleidet» auftrete. Im Neuen Testament wird das Fest nicht erwähnt, Motive und Vorstellungen daraus waren aber bekannt, wie Anspielungen in Mk 6,23; Lk 10,13 und Offb 4,5 zeigen. joe

Pergament; 9 Blätter; Länge 295 cm; Höhe ca. 11,3 cm; orientalisch (?); Alter ca. 18./19. Jh.; Ms 2002.1; aus Eigenmitteln der Sammlungen

72 Koran: Schreibkunst als Ausdruck von Frömmigkeit

Der Koran («Vortrag», «Lesung») ist die jüngste Heilige Schrift der großen abrahamitisch-monotheistischen Schriftreligionen. Sie gliedert sich in Suren (Kapitel) und Verse. Die Botschaften, die Mohammed ab seinem vierzigsten Lebensjahr vernahm, wurden von seinen Anhängerinnen und Anhängern auswendig gelernt und teilweise bereits auf Kamelknochen oder Leder geschrieben. Unter Kalif Uthman (gest. 656 n. Chr.) entstand jene offizielle Version, auf die alle späteren Abschriften zurückgehen. Sie enthielt allerdings nur die Konsonanten, die unterschiedlich interpretiert werden konnten. Die Interpretationen, die Aussprache und den Vortrag betreffend, werden im heutigen und im abgebildeten Text mit vielerlei Punkten und Strichen, sogenannten diakritischen Zeichen, angezeigt. Von einer Vielzahl von Interpretationen sind heute nur noch zwei in Gebrauch: In Ägypten und östlich davon jene von Assim (gest. 745 in Kufa), westlich davon jene von Nafi (gest. 785 n. Chr. in Medina).

Der Koran enthält eine Fülle von jüdischen und christlichen Stoffen, darunter auch solche, die in den offiziellen Heiligen Schriften der Schwesterreligionen nicht enthalten sind, wie zum Beispiel Nachrichten über das Leben Marias aus dem Protoevangelium des Jakobus in der abgebildeten Sure 3 (Verse 33-51). ts

Koran; Osmanisches Reich; Anfang 19.Jh; Dauerleihgabe aus Privatbesitz

Literaturhinweise

Fast alle in diesem Büchlein kurz vorgestellten Objekte sind ausführlich beschrieben in einem der folgenden Werke:

BICKEL, Susanne, in Zusammenarbeit mit zahlreichen Fachleuten, In ägyptischer Gesellschaft. Aegyptiaca der Sammlungen BIBEL+ORIENT der Universität Freiburg Schweiz, Freiburg Schweiz 2004.

HERRMANN, Christian, Die ägyptischen Amulette der Sammlungen BIBEL+ORIENT der Universität Freiburg Schweiz. Anthropomorphe Gestalten und Tiere, Freiburg Schweiz – Göttingen 2003.

KEEL, Othmar/SCHROER, Silvia, Eva – Mutter alles Lebendigen. Frauen und Göttinnenidole aus dem Alten Orient, Freiburg Schweiz 2004; 2. Auflage 2006.

KEEL, Othmar/STAUBLI, Thomas, «Im Schatten deiner Flügel» – Tiere in der Bibel und im alten Orient, Freiburg-Schweiz 2001; französische Ausgabe 2003.

KEEL-LEU, Hildi/TEISSIER, Beatrice, Die vorderasiatischen Rollsiegel der Sammlungen «Bibel+Orient» der Universität Freiburg Schweiz (Orbis Biblicus et Orientalis 200), Freiburg Schweiz – Göttingen 2004.

KEEL-LEU, Hildi, Vorderasiatische Stempelsiegel. Die Sammlungen des Biblischen Instituts der Universität Freiburg Schweiz (Orbis Biblicus et Orientalis 110), Freiburg Schweiz – Göttingen 1991.

MATOUK, Fouad Selim, Corpus du scarabée égyptien I. Les scarabées royaux, Beyrouth 1971; II. Analyse thématique, Beyrouth 1977.

MÜLLER-WINKLER, Claudia, Die ägyptischen Objekt-Amulette mit Publikation der Sammlung des Biblischen Instituts der Universität Freiburg Schweiz, Freiburg Schweiz – Göttingen 1987.

OESCH, Josef, Drei Torarollen der Sammlungen BIBEL+ORIENT am Departement für Biblische Studien der Universität Fribourg, in: D. Böhler/I. Himbaza/Ph. Hugo, éds., L'Ecrit et l'Esprit. Etudes d'histoire du texte et de théologie biblique en hommage à Adrian Schenker (Orbis Biblicus et Orientalis 214), Fribourg - Göttingen 2005, 248-265.

PAGE GASSER, Madeleine, Götter bewohnten Ägypten. Bronzefiguren der Sammlungen BIBEL+ORIENT der Universität Freiburg Schweiz, Freiburg Schweiz 2001.

Ausstellungskabinett
der Sammlungen BIBEL+ORIENT
der Universität Freiburg

Universität Freiburg,
Raum 4219, Av. de l'Europe 20, CH-1700 Freiburg
Aktuelle Öffnungszeiten:
Siehe unter www.bible-orient-museum.ch oder nach
Absprache, Tel: 031 971 84 54, Mail: b-o@unifr.ch

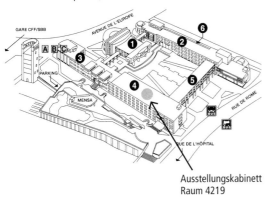

Ausstellungskabinett
Raum 4219

Werbung für die Götter.
Heilsbringer aus 4000 Jahren.

In ägyptischer Gesellschaft.
Aegyptiaca der Sammlungen BIBEL+ORIENT der Universität Freiburg Schweiz.

Eva – Mutter alles Lebendigen
Frauen- und Göttinnenidole aus dem Alten Orient.

168 Seiten, 555 großenteils farbige Abb., broschiert, ISBN 3-7278-1419-5

160 Seiten, 125 meist farbige Abb., 5 Karten, broschiert, ISBN 3-7278-1429-2

288 Seiten, über 400 meist farbige Abbildungen, broschiert, ISBN 3-7278-1460-8

Die ältesten Massenmedien übermitteln Göttliches. Das wird am Beispiel von fünf Heiligtümern aus verschiedenen Zeiten und Räumen gezeigt: Ptah von Memphis, Sin von Harran, Artemis von Ephesus, Maria zu Einsiedeln, Elvis von Memphis.

«Der thematisch weit gefasste Horizont, die großartigen Illustrationen und die moderne grafische Gestaltung machen aus einem informativen Ausstellungskatalog einen Prachtband zur biblischen Zeitgeschichte.»
Ferment

Ägyptenbilder der Bibel – Vielschichtige Gesellschaft – Sorge um Mutter und Kind – Sorge um die Verstorbenen – Götterbilder.

«One hopes that the BIBLE+ORIENT Museum and other museums will continue to make their holdings more accessible to scholars through catalogs such as this one.»
John Gee, Review of Biblical Literature

Das reich und farbig illustrierte Buch präsentiert erstmals alle im Alten Orient und besonders in Palästina/Israel in biblischer Zeit verbreiteten göttlichen Frauentypen, die bald als Mütter alles Lebendigen Pflanzen, Tiere und Menschen hervorbringen, bald als jungfräuliche kämpferische Patroninnen der Kultur auftreten, in beiden Fällen aber fast immer stark erotische Züge aufweisen.

«Einen willkommenen Beitrag zur Klärung, und damit zum Verständnis früher nahöstlicher und ägäischer Religionen, leistet die Publikation von über zweihundert Objekten aus der von Othmar Keel aufgebauten weltweit renommierten Studiensammlung Bibel und Orient der Universität Freiburg i.Ü.» NZZ

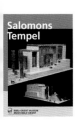

Salomons Tempel

64 Seiten, 59 Abb., farbiger Umschlag, ISBN 3-7278-1459-4

Geschichte des Tempels von Jerusalem – Elemente des Jerusalemer Tempels und deren Symbolik – Das Leben am Tempel – Das Nachleben von Salomons Tempel bei Juden, Christen, Muslimen und Freimaurern.

«Das Büchlein ist ausgezeichnet in dem sehr hohen Informationswert auf erstaunlich engbegrenztem Raum!»
Prof. H. Michael Niemann, Rostock

Vertikale Ökumene

172 Seiten, 32. Abbildungen, farbiger Umschlag, ISBN 3-7278-1516-7

«Wer sich über den Gedanken der vertikalen Ökumene orientieren will, kommt um diese kleine, von Thomas Staubli herausgegebene Schrift nicht herum. [...] Keel, der die Brüche zwischen Kanaan und Israel sowie zwischen Judentum und Christentum behandelt, und Ulrike Bechmann, die das Herauswachsen des Islams aus christlichen, jüdischen und altarabischen Traditionen skizziert, machen deutlich, dass es dabei um mehr geht als bloß um historische Forschung: um Gegenwartsgestaltung (Bechmann), um «Familientherapie» (Keel) innerhalb der genealogisch verbundenen monotheistischen Religionen. Denn alle drei Glaubensgemeinschaften haben durch die teilweise vehemente Verwerfung ihrer Vorläuferkultur Wesentliches verloren, so etwa die Naturverbundenheit der Kanaanäer. Durch Anamnese können sie diese Defizite wettmachen und sich als Familienmitglieder wieder besser wahrnehmen und schätzen. So bietet das interessant illustrierte und einladend gestaltete Büchlein einen wertvollen und spannenden Impuls für das interreligiöse Gespräch.»
aufbruch – Zeitung für Religion und Gesellschaft

Tempelmusik
Musique de temple

CD mit ausführlichem Booklet (deutsch/französisch)

22 Musikbeispiele dokumentieren den Ursprung der Jerusalemer Tempelmusik und ihre Weiterentwicklung im Psalmengesang. Eine spannende Reise durch 2000 Jahre Musikgeschichte.

Bestellungen

Projekt BIBEL+ORIENT MUSEUM
Kirchstrasse 52, CH-3097 Liebefeld
Tel. 031 971 84 54,
E-mail b-o@unifr.ch

Internetshop:
www.bible-orient-museum.

BIBEL+ORIENT MUSEUM
MUSÉE BIBLE+ORIENT

Ein Projekt der Stiftung BIBEL+ORIENT

Original
In einer tendenziell virtuellen Welt zeigen wir Originale. Die Sammlungen BIBEL+ORIENT umfassen rund 14'000 einzigartige Exponate aus dem Alten Vorderen Orient.

Gedächtnis
Wir erinnern an die oft verdrängten orientalischen Wurzeln unserer europäischen Kultur. Auch nördlich der Alpen lernten die Menschen mit der Bibel lesen und schreiben.

Ökumene
Wir fördern den interreligiösen Dialog. Dazu rufen wir die vertikale Ökumene in Erinnerung, die Christen und Muslime mit dem Judentum und alle drei mit Kanaan verbinden.

Forschung
Unsere Ausstellungsthemen basieren auf dem aktuellen Wissensstand der Bibelwissenschaft, der Archäologie und der Kunstgeschichte.

Novum
Das Projekt BIBEL+ORIENT MUSEUM ist ein Novum in der schweizerischen Museenlandschaft mit europäischem Potential.

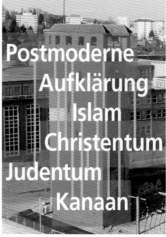

Postmoderne
Aufklärung
Islam
Christentum
Judentum
Kanaan

Symbolträchtiger Ort für das geplante BIBEL+ORIENT MUSEUM: Ein fünfhundertjähriger Turm zwischen Universität und Bahnhof, zwischen Wissenschaft und Gesellschaft.

Wie können Sie das Projekt BIBEL+ORIENT MUSEUM fördern?

Das Projekt BIBEL+ORIENT MUSEUM wird weder vom Staat noch von der Kirche unterstützt. Daher sind wir auf das wohlwollende Engagement von Privaten angewiesen. Wenn Sie uns bei der Entwicklung des BIBEL+ORIENT MUSEUMS fördern möchten, so stehen Ihnen verschiedene Möglichkeiten offen:

* Die **Mitgliedschaft** beim Verein «Projekt BIBEL+ORIENT», CP 1570, CH-1700 Fribourg

* **Einzelspenden** zugunsten der Stiftung BIBEL+ORIENT, z.Hd. Projekt BIBEL+ORIENT MUSEUM, PC 30-342797-9

* **Schenkungen, Legate** oder **Nachlässe** zugunsten der Stiftung BIBEL+ORIENT. Bitte nehmen Sie Kontakt auf mit Dr. Thomas Staubli, Kirchstr. 52, 3097 Liebefeld, 031 971 84 54, b-o@unifr.ch

www.bible-orient-museum.ch